AF140142

Für QD

Georg Möller

Rauben und spielen im Wohlfahrtsstaat

Machen Sie das Beste draus!

1. Auflage 2016

Bibliografische Information der Deutschen Nationalbibliothek:
Die Deutsche Nationalbibliothek verzeichnet diese
Publikation in der Deutschen Nationalbibliografie;
detaillierte bibliografische Daten sind im Internet
über http://dnb.dnb.de abrufbar.

TWENTYSIX – Der Self-Publishing-Verlag
Eine Kooperation zwischen der Verlagsgruppe Ran-
dom House und BoD – Books on Demand

© 2016 Georg Möller

Herstellung und Verlag:
BoD – Books on Demand, Norderstedt

ISBN: 978-3-740-71512-0

Inhalt

Teil III: Der Umgang mit sich selbst

Teil IV: Der Umgang mit anderen

Einführung

Liebe Leserin, lieber Leser!

Ratgeber schreiben, Menschen sagen, was sie denken, tun und lassen könnten; diese Besserwisserei riecht anmaßend. Ein Autor sollte die Finger davon lassen, wenn er gelesen werden will. Warum schreibe ich trotzdem dieses Buch?

In zwanzig Jahren werden mich die Jungen fragen: „Warum habt ihr jeden Monat mehr ausgegeben als eingenommen? Wieso hat sich eure Generation am Wachstum berauscht, weshalb seid ihr im Wohlstand getaumelt, ohne an später zu denken? Und weswegen sollten wir für eure Party blechen? Hast du mitgemacht?"

Ich werde zugeben müssen: „Ja, ich war dabei, es war eine schöne Zeit, wir hatten leider die Folgen ignoriert. Entschuldigung. Klar, dass ihr die Rechnung nicht bezahlen werdet, das könnt und sollt ihr nicht."

Die westliche Welt ist bankrott, die Pfeiler des Wohlfahrtsstaates stehen im Morast. Es ist eine Frage der Zeit, wann und wie die Balken brechen: Seit 2008 folgt ein Rettungspaket nach dem anderen; ich schreibe diese Zeilen am 5.10.2016, die Presse warnt vor der Pleite der Deutschen Bank. Seien Sie auf Botschaften gefasst, die Sie heute für unmöglich halten.

Die Tatsachen mögen verunsichern und Angst einflößen. Dieser Ratgeber soll das nicht, im Gegenteil, er erklärt, macht Mut, zeigt Wege, um nach vorn zu blicken.

Vielleicht helfen Ihnen meine Gedanken, aus eigener Kraft ein unangefochtenes Leben zu führen.

Genießen Sie die Zeit im Hier und Jetzt, denn das sind die erfüllenden Stunden.

PS: Schauen Sie auf der Post vorbei?

Teil I

Der Umbruch

1 Was lang schwelt, wird langsam Glut

Zwei Tatsachen, die Sie unweigerlich treffen - werden

„Wissen Sie, dass wir einen Finanzminister hatten, der Möller hieß, so wie Sie?" Das fragt der Schalterangestellte auf der Post, als ich ein Päckchen abhole und mich ausweise.

„Ja, weiß ich, Alex Möller." Ich lächele und ergänze, der Minister bat Kanzler Willi Brandt um seinen Rücktritt.

„Genau, das war 1971", sagt der Herr mit weißem Haar hinter dem Schalter. „Der Möller wollte nicht verantworten, zusätzlich eine Milliarde D-Mark Schulden zu machen!"

Wir sind allein in der Postfiliale und der Mann schimpft: Schulden um Schulden werden den jungen Leuten aufgebrummt und die können sich nicht wehren. Ich bemerke, es ging um eine kümmerliche Milliarde D-Mark, das sind rund fünfhundert Millionen Euro. „Und heute? Die EZB kauft jährlich über eine Billion marode Anleihen und rätselt, ob das reicht."

Der Postmann flucht: „Ich will Ihnen was sagen: Minister Möller, der hatte noch Rückgrat! Der hat sich nicht verbiegen lassen, das war ein gradliniger Mann, der hat seinen Mund aufgemacht, seine Meinung gesagt, nicht wie heute – alles angepasste Ja-Sager."

Gelassen bemerke ich, man müsse artig sein, wenn man Karriere machen will. Möllers Nachfolger nuckelten weiter an der Schuldenflasche, um Wohltaten zu verteilen; Finanzminister Schmidt wurde 1974 Bundeskanzler.

„Immer weniger Kinder sollen den größten Schuldenhaufen aller Zeiten abtragen, das kann nicht gut gehen, wie denn?"

„Keine Ahnung", antworte ich, „wir können das Spiel vielleicht noch ein paar Jahre durchhalten, aber nicht ewig."

Der Schalterangestellte fühlt, dass dies nicht richtig ist, der Verstand sagt ihm, es kann kein gutes Ende nehmen. Unter den Wissenschaftlern notiert der österreichische Nationalökonom Ludwig von Mises:

"Es gibt keinen Weg, den finalen Kollaps eines Booms durch Kreditexpansion zu vermeiden. Die Frage ist nur, ob die Krise früher durch freiwillige Aufgabe der Kreditexpansion kommen soll oder später zusammen mit einer finalen und totalen Katastrophe des Währungssystems."

Mises schreibt diese Worte im Jahr 1912 und die Vergangenheit gibt ihm mehrmals Recht. Wie es aussieht, wird sich seine Aussage erneut bewahrheiten. Die Geschichte wiederholt sich zwar nicht, aber sie reimt sich. Unser Währungssystem läuft auf die totale Katastrophe hinaus, es ist auf dem Weg dahin. Von freiwilliger Aufgabe der Kreditorgie habe ich nichts gehört. Oder Sie?

Kein Grund zum Wegrennen

Im Ausland gelten die Deutschen als verlässlich, pünktlich, ordentlich, redlich; sie bauen hervorragende Maschinen, exzellente Autos, sie verfügen über eine der besten chemischen Industrien der Welt.

Wenn ich in diesem Buch über Krisen, Zusammenbrüche, Wandel und Zeitenwende schreibe, bitte ich Sie, mich nicht falsch zu verstehen: Ich habe nicht vor, den Teufel an die Wand zu malen oder sprichwörtlich den Kopf in den Sand zu stecken. Dafür gibt es keinen Grund. Leider ist das Klagen eine prägnante Eigenschaft der Deutschen, nirgendwo auf der Welt wird so viel gejammert wie in der Bundesrepublik. Man könnte sich daran erheitern.

Im Taxi: Der Fahrer fragt mich: „Angenommen, Sie hätten genug Geld, Sie müssten nie wieder arbeiten und könnten leben, wo Sie wollen: In welches Land der Erde würden sie ziehen?"

Ich überlege: „Naja, bei allen Problemen, ich würde nach Deutschland gehen, ich bleibe gern hier." Der Fahrer wiegt den Kopf. Ich sage, dass Deutschland genug Wasser hat, eine intakte Infrastruktur, fruchtbare Böden, grüne Wiesen und Wälder. „Wussten Die, dass ein deutscher Förster im Ausland hohes Ansehen genießt?" Wir plaudern Minuten, der Chauffeur ergänzt, es gibt hübsche Frauen, wo ich zustimme, das Wasser kann man aus der Leitung trinken... Jammern hin, jammern her: „Selbst wenn die Bahn sich verspätet hat und mich das ärgert, erbringt sie jeden Tag eine gewaltige Transportleistung im dichtesten Streckennetz Europas."

Das Kapitel wäre eine Bühne, die Baustellen der Gesellschaft aufzuzählen, damit keine vergessen wird; denken Sie an Worte, die auf Krise enden: Flüchtlingskrise, Griechenlandkrise, Wirtschaftskrise, Bankenkrise, Terrorkrise, Eurokrise... eine Krise an der anderen. Nachrichten darüber haben die Wirkung, dass sie den Zuhörer abstumpfen und Angst erzeugen.

Im Buchhandel laufen über Jahre Bestseller zum Thema Crash. Die Werke behandeln meistens Punkte aus dem Finanzbereich, welche Anlageklassen funktionieren oder nicht, ob sich der Einstieg in Immobilien lohnt, welche Gefahren die niedrigen Zinsen aufweisen, ob der Kauf von Aktien das Bessere wäre...?

Die Autoren übersehen meiner Meinung nach das Wesentliche: Es genügt nicht, im Gebiet der Volkswirtschaftslehre zu stochern. Es reicht nicht, das eigene Portfolio zu sichern und zu hoffen, alles andere ergäbe sich.

Lassen Sie uns auf zwei Tatsachen blicken: Die Bürden sind so mächtig, dass sie auf jeden Bürger wirken, egal ob schleichend oder in einzelnen Etappen:

Problem Nummer eins sind die Schulden, die niemand zurückzahlen kann, aber fällig werden. Problem Nummer zwei ist der demografische Wandel oder auf Deutsch, es fehlen hunderttausende Kinder. Die Sozialsysteme reißen, weil weniger Junge einzahlen und mehr Alte und andere nehmen wollen.

Beide Tatsachen schieben sich wie kontinentale Landmassen aufeinander zu – langsam, aber beständig! Die Kräfte sind so gewaltig, dass Verwerfungen massiv ins Gelände einschneiden, sogar die vermeintlich sicheren Nester werden aus den Bäumen plumpsen.

Tatsache 1: Das vorgegaukelte Vermögen

Meine Großeltern, geboren um 1920, sind als Kleinkinder Multimilliardäre. Selbst über das Vermögen von Bill Gates hätten Oma und Opa lächeln können. Und die Urgroßeltern besitzen so viel Geld, dass sie damit den Ofen anzünden, weil sie nicht wissen, wohin mit den Scheinen.

Eines Tages sind die Vorfahren schlagartig bettelarm; Uropa tauscht eine Billion in eine Rentenmark, wofür er sich ein Brot kaufen kann.

Das geschieht 1923 am Ende der Hyperinflation. Den Deutschen wird seither nachgesagt, sie haben eine Inflationsneurose, weil über Nacht das Scheinvermögen in Luft verdampft. Hyperinflationen sind nichts Neues, sie passieren in der Welt immer wieder. Danach bleiben die Fragen: Wie war das möglich? Warum ist es passiert?

Es gibt zwei Faktoren, die normale Menschen zwar einzeln, aber meiner Erfahrung nach selten im Zusammenhang begreifen. Die erste Triebkraft ist die Exponentialfunktion, nach deren Gesetzmäßigkeit die Geldmenge steigt und wachsen muss. Diejenigen Leute, die sich an den Mathematikunterricht erinnern, verstehen oft den zweiten Hebel nicht: Wie funktioniert Geld? Was ist sein Wesen? Wo kommt das Geld her, wie entsteht es, wer erzeugt es?

Von Norden bis Süden, von Ost nach West, quer durch alle Bildungsschichten hält sich der Irrglaube: Wenn jemand Geld von der Bank borgt, dann muss ein anderer dieses vorher eingezahlt haben. Das ist falsch. Und mit Bank meine ich nicht die Geldhäuser der Londoner Innenstadt, sondern die Banken vor der Haustür wie die Sparkasse, die Volksbank oder die Commerzbank.

Und diejenigen, die kapieren, wie eine Bank Geld schöpft, haben meistens nicht verstanden, wohin die Exponentialfunktion der Zins und Zinseszinsen führen. Doch eines nach dem anderen.

Hebel Geldschöpfung: Stellen Sie sich vor, der Klempner Herr Maurer geht zu seiner Sparkasse, zahlt 1 000 Euro bar auf sein Girokonto ein, der Auszug zeigt 1 000 Euro im Haben. Und dann ist der Installateur Herr Koch, dessen alte Spülmaschine nicht funktioniert; er könnte eine neue Maschine für 900 Euro kaufen. Weil Herr Koch im Augenblick nicht genug Geld flüssig hat, bittet er seine Sparkasse um einen Kredit. Kein Problem. Das Geldinstitut borgt Herrn Koch das Geld und schreibt den Betrag seinem Konto gut, 900 Euro im Haben. Das funktioniert, weil die Sparkasse lediglich eine Mindestreserve von derzeit einem Prozent halten muss, um Maurers Geld weiterverleihen zu dürfen. Genau an dieser Stelle erschafft die Sparkasse neues Geld.

Angenommen die Herren Maurer und Koch treffen sich vor der Tür, sie sind alte Jugendfreunde. Sie beschließen, das Guthaben zu verprassen, sie wollen zu einem Fußballspiel nach Spanien reisen, Koch verzichtet auf die Spülmaschine. Die Herren gehen zurück in die Sparkasse und wollen das Geld abheben: 1 000 und 900 Euro, zusammen 1 900 Euro. Real hat jedoch nur Maurer 1 000 Euro eingezahlt. Die fehlenden 900 Euro sind Erfindungen der Bank, der Betrag ist nicht vollgedeckt.

Im wirklichen Leben bekommen beide Herren das Geld, weil hunderte Kunden ihre Ersparnisse auf der Bank parken und kaum auf die Idee kommen, die Beträge gleichzeitig abzuheben. Im Beispiel sehen sie, dass mit der Gutschrift von 900 Euro das Geld aus der Luft geschaffen wird, das ist das sogenannte Fiat-Geld.

Verstehen Sie, warum die Banken einen Ansturm fürchten, den sogenannten Bank Run? Oder warum die Bezahlung mit Bargeld begrenzt wird? Oder wieso das Bargeld abgeschafft werden soll? Das gesetzliche Zahlungsmittel? Wegen der Terrorbekämpfung, der Hygiene, den Schwarzarbeitern? Das Märchen glauben Sie doch nicht!

Wahrscheinlich würde sich der Herr Koch die Spülmaschine kaufen, vielleicht im Elektroladen Schulz, der Inhaber Herr Schulz wird die 900 Euro bei seiner Bank einzahlen, diese kann erneut abzüglich der Mindestreserve von einem Prozent 891 Euro weiterverleihen und so weiter. So entsteht Guthaben aus der elektronischen Druckerpresse – Geld, welches nie gespart wurde. Das nenne ich vorgegaukeltes Vermögen.
Jetzt haben Sie das Prinzip verstanden. Deshalb wundern Sie sich nicht, wenn der Staat oder ein Unter-

nehmen plötzlich eine Milliarde herbeizaubern kann. Simsalabim, Geldschöpfung ist einfach, es muss niemand vorher sparen.

Der Kredit muss jedoch zurückgezahlt werden zuzüglich der Benutzungsgebühr, das sind die Zinsen! Dieser Mechanismus ist die perverseste Ausbeutungsmethode, die in der Geschichte der Menschheit erfunden wurde.

Bis zum Bruch

Die Schulden wachsen nicht deshalb in den Himmel, weil wieder ein paar Milliarden zur Rettung von Banken oder Staaten gemacht werden. Wegen einer Milliarde D-Mark ist Ex-Finanzminister Alex Möller nicht zurückgetreten. Das Zinseszinssystem führt dahin, dass uns das Finanzsystem nach zirka 80 Jahren um die Ohren fliegt. Dafür sorgt das exponentielle Wachstum der Geldmenge. Selbst wenn die Zinsen nahe null gehalten werden, schiebt dies nur die Tage der Abrechnung kalendarisch nach hinten.

Beispiel: Auf einem Teich befindet sich eine einzige Seerose. Die Rose wächst und verdoppelt täglich die Anzahl ihrer Blätter und Blüten. Nach hundert Tagen ist der See voll. An welchem Tag ist er halbvoll? Die meisten Menschen schätzen sechzig oder siebzig Tage. Falsch. Der See ist am neunundneunzigsten Tag halb voll. Die unwahre Vorstellung liegt daran, dass wir gewohnt sind, linear zu denken.

Ein anderer Vergleich ist die Geschichte vom Josephspfennig: Wenn Joseph im Jahre Null für seinen Sohn Jesus einen Cent zu fünf Prozent Zins angelegt hätte: Wie viel Geld wäre heute nach über zweitausend Jahren auf dem Sparbuch? Überschlagen Sie... Viele Menschen schätzen Hunderttausend, einige Millionen, gar Milliarden Euro. Das klingt nach sehr viel Geld! Doch niemand kann sich vorstellen, dass nach über zweitausend Jahren etwa 150 Millionen Erdkugeln aus purem Gold werden würden. Das ist unrealistisch und deshalb wäre es Jesus mit dem Sparbuch wohl so ergangen wie meinen Vorfahren mit ihren Billionen, aus denen plötzlich ein paar Renten-Mark wurden.

Warum bekommen Sie das nicht mit? Oder warum sollen Sie es nicht verstehen? Weil Sie linear denken? Nicht unbedingt. Ich tippe darauf, es liegt daran, dass Sie die jährlichen Raten linear präsentiert bekommen: Die Zinsen betragen pro Jahr 5%, 5%, 5%, 5%, 5%...

Anmerkung: Ich weiß, dass derzeit die Zinsen der Zentralbanken nahe null sind, aber das ändert nichts am Prinzip, sondern niedrige Werte schinden Zeit bis zum Kollaps.

Angenommen, Sie legen 100 Euro zu fünf Prozent an und wollen nach 75 Jahren wissen, was rauskommt. Nehmen Sie die Zinsfunktion: (1 + plus 0,05) hoch 75 mal 100 Euro ist gleich 3.383 Euro. Nach 76 Jahren hätten Sie 4.077 Euro. Das sind in einem Jahr 694 Euro mehr durch den Zinseszins, die ein anderer erwirtschaften soll. Sie müssen keine Szenarien mit dem Taschenrechner durchspielen, was in hundert Jahren rauskommt oder Grafiken zeichnen: steiler als senkrecht geht nicht.

Mir ist keine politische Partei bekannt – egal ob rechts oder links, die das Zinseszinssystem zur Diskussion stellt. Überlegen Sie, wem das nützt. Nach zirka 80 Jahren bricht das Geldsystem zusammen, weil es bildlich gesprochen vom eigenen Wachstum erschlagen wird. Sie könnten einwenden, das sei Quatsch, die Zentralbank wache darüber, dass dies nicht passiert. Aber können die Banker die Mathematik außer Kraft setzen? Jürgen Stark, der ehemalige Chefvolkswirt der europäischen Zentralbank (EZB), sagt im Mai 2014:

„Alle Zentralbanken haben die Kontrolle über die Geldmenge verloren.“

Hokuspokus

Meiner Meinung nach lässt sich die sogenannte Volkswirtschaftslehre auf zwei Punkte zusammenkürzen:

1. Mehr ausgeben als einnehmen.
2. Fällige Schulden mit neuen Krediten begleichen.

Das Geldwesen macht es möglich. Wir sind eingeladen, die Einnahmen gegen Treue und Glauben und alle Regeln des Geschäftslebens zu erhöhen. Ist es nicht beeindruckend, wie es gelingt, die Menschen mit bedruckten Baumwollzetteln (Bargeld) und elektronischen Bankguthaben auf Trab zu halten?

August Friedrich Hayek erhält 1974 den Nobelpreis für Wirtschaft, er sagt auf der Preisverleihung zu der Prominenz der Volkswirtschaftslehre:

„Wir haben… wahrlich wenig Grund, stolz zu sein: Als Fachleute haben wir Schlimmes angerichtet.“

Hayek spricht darüber, wie das Schuldenmachen zur Inflation führt und die Menschen bedroht. Aber wie hoch sind die Schulden? Darüber gibt es genug Statistiken, beispielsweise 27 Tausend Euro pro Person in Deutschland, also jeder Arbeiter, jeder Angestellter, jedes Kind, jeder Rentner…

Der Wert hört sich harmlos an, von ausgeglichenen Haushalten ist die Rede; alles in Ordnung? Genannt bekommen Sie allerdings die direkten Schulden des Bundeshauhalts. Es ist die Spitze eines riesigen Eisberges. Vergessen Sie nicht die Verbindlichkeiten der Kommunen, der Unternehmen und der Privatpersonen. Die kommen dazu.

Jedoch sind das nur die direkten Schulden. Um das drei- bis vierfache höher sind die indirekten Schulden. Sie können das vergleichen mit dem Teil des Eises, der unter dem Wasser schwimmt und den Eisberg über dem Wasser so niedlich erscheinen lässt. Diese unterirdischen Schulden sind zukünftige Leistungsansprüche, für die keine Rücklagen existieren.

Beispiel: Ich arbeite als selbständiger Trainer und gebe Seminare für die Weiterbildung. Auf einer Veranstaltung sagt ein Herr freundlich und provozierend: „Ihre Tagessätze möchte ich einmal bekommen!" Der Mann ist leitender Beamter in einem Katasteramt. Ich entgegne: „Sagen Sie, wie hoch ist der Wert ihrer Pension, wenn Sie in den Ruhestand gehen?"

Der Herr weiß das nicht und so rechne ich ihm vor: Lebenserwartung minus Pensionsalter, mal letztes Nettogehalt, mal 71 Prozent plus eventuelle Beihilfen, mal zwölf: „Ohne dass ich Ihr Gehalt kennen muss, Ihr Pensionsanspruch beträgt in Summe über sechs bis achthunderttausend Euro."

Der Referatsleiter stimmt der Rechnung zu. Ich bemerke, dass man als Selbstständiger diesen Betrag sparen müsse und dies aus versteuertem Einkommen; deshalb die Tagessätze. Der Mann wiegt den Kopf: „Ich bleibe lieber Beamter..." Wir lachen beide und ich erspare mir den Hinweis, dass für seinen Pensionsanspruch keinerlei Rücklagen gebildet werden und das böse Erwachen kommen wird.

Wenn Sie zu den direkten Verbindlichkeiten die indirekten zählen, dann sehen Sie, wie hoffnungslos überschuldet wir sind. Das trifft auf alle westlichen Industrieländer zu, im schlimmsten Fall auf die USA. Die Schulden haben Dimensionen erreicht (für Deutschland werden sieben bis neun Billionen Euro geschätzt), die Niemand begleichen kann. Vielleicht hat das auch keiner vor.

Sagen Sie allerdings den letzten Satz laut, bekommen Sie möglicherweise das Etikett Schwarzmaler oder Verschwörungstheoretiker aufgeklebt, damit Sie Ruhe geben und die Party weitergeht.

Sie könnten einwenden: Das funktioniert doch mit dem Schuldenmachen. Wir sind (Stand 2016) so wieder aus der Krise von 2008 herausgekommen, diese ist vorbei. Es klappt doch. Nur die Skeptiker betonen, die Krise werde erst noch losgehen, denn in den letzten Jahren sind die Schulden das, was am meisten gewachsen ist. So wird jeden Tag das Theaterstück aufgeführt, durch Geld drucken die Wirtschaft anzukurbeln und reich zu werden.

Tatsache 2: In zu vielen Kinderzimmern ist Ruh'...

Familienfeier: Tante Brigitte feiert 65. Geburtstag, ihr Neffe Jörg bemerkt: „Liebe Tante, etwas fehlt der Feier... sechs Enkelkinder." Brigitte wischt sich eine Träne aus den Augen. „Dein Sohn Jan (45), keine Kinder, ich (46) kinderlos, deine Nichte Katrin (40), ohne Kinder. Allein dein Sohn Peter (43) erzieht zwei Kinder, die Lena und den Oskar."

Es ist die freie Entscheidung eines jeden, ob er Kinder haben will oder nicht. Das ist nicht der Knackpunkt. Das Problem ist: Jan, Katrin und Jörg besitzen

Rentenansprüche gegenüber Kindern, die sie nicht gezeugt und großgezogen haben.

Lena und Oskar werden vermutlich in zwanzig Jahren sagen: „Wir werden eure Renten nicht zahlen. Erstens seid ihr zu viele, zweitens sind eure Ansprüche zu hoch. So sehr wir euch mögen, es tut uns leid: Ihr habt uns nicht gefragt, ihr habt ohne uns diesen Generationenvertrag gemacht. Und zu den Renten sollen wir zusätzlich die Pflegeversicherung bedienen und euren Schuldenberg tilgen – das schaffen wir nicht."

Hartnäckig hält sich bei Versicherten der Aberglauben, sie haben in die Kasse eingezahlt. Und das Geld, was ein Arbeitnehmer einbezahlt hat, bekommt er mit Erträgen im Alter als Rente. Das ist leider falsch.

Da gibt es keine Spardose, in der Milliarden stecken. Die Beiträge der Arbeitnehmer werden sofort weitergeleitet an die Rentner. Es müsste also statt einzahlen durchleiten oder rüberschieben heißen. Was eingezahlt wird, geht sofort raus – der Rententopf ist bis auf eine kleine Reserve leer. Der Beitragszahler erwirbt lediglich einen Anspruch, ein Versprechen, dass er im Alter von den Jungen Rente bekommt.

Damit dieses Kettenspiel nicht abreißt, müssen genug Zahler nachwachsen. Idealerweise kommen auf einen Rentner sechs Erwerbstätige, aktuell sind es etwa drei und das Verhältnis sinkt von Jahr zu Jahr. Wundern Sie sich nicht, wenn Sie Vorschläge hören wie Rente mit 69 oder 73. Das ist der Lärm von einem untergehenden Schiff.

Sie könnten einwenden: „Herr Möller, das Beispiel mit Tante Brigitte haben sie „nett" gewählt, aber es ist ein Einzelfall; ich kenne Familien, wo jeder Erwachsene zwei oder drei Kinder hat." Gut, das kann sein. Dann lassen Sie uns die Perspektive ändern.

Stellen Sie sich vor, Sie fliegen um die Erde und blicken auf die Welt. Über jedem Land ist die Geburtenrate eingezeichnet: Sie sehen mit Abstand das Land in der Mitte Europas, Deutschland: Dort ist die Geburtenrate mit 1,36 Kindern pro Frau so niedrig, dass sie im Vergleich zu den anderen Ländern auffällt. Im Nachbarland Frankreich liegt die Rate beispielsweise bei 1,99 Babys pro Frau.

Übrigens lebt in Deutschland der Sachbuchautor Thilo Sarrazin, der ein Buch schrieb mit dem Titel „Deutschland schafft sich ab". Sarrazin (SPD-Mitglied, ehemaliger Vorstand der Bundesbank) wird für sein Werk heftig kritisiert und beschimpft, obwohl er belegbare Fakten mit Tabellen und Statistiken vorstellt. Doch die Tatsachen lassen sich nicht vom Tisch wischen.

Was für das exponentielle Wachstum nach oben gilt, wie das bei den Schulden der Fall ist, das gilt umgekehrt für das Schrumpfen nach unten: Die Kinder, die heute nicht geboren werden, fehlen in 25 Jahren als Eltern. Deshalb schafft sich die urdeutsche Bevölkerung mit zunehmender Geschwindigkeit ab. So prognostiziert der Sachbuchautor Ederer für das Jahr 2050 für die neuen Bundesländer noch acht Millionen „Ossis" - von 17 Millionen 1990.
Ihnen könnte das egal sein, schließlich sind Sie nicht zuständig für das zahlenmäßige Erhalten der Bevölkerung. Außerdem, was sollten Sie die „Ossis" angehen, aber bei den „Wessis" sieht es nicht besser aus - vergessen Sie die Exponentialfunktion nicht.

Die Frage nach dem Nachwuchs bleibt eine individuelle Angelegenheit. Doch was ist mit den Ansprüchen auf Rente und Pflege gegenüber Kindern, die nicht da sind? Das betrifft Sie, sofern Sie nicht zu der kleinen

Minderheit gehören, die auf die gesetzliche Rente verzichten kann.

Die Sicht auf unsere Sozialkosten gleicht einem Blick in den Abgrund. Es sind die Schulden und Ansprüche, die in den nächsten 20 bis 30 Jahren das Fundament der Republik zum Einsturz bringen. Der Kollaps wird umso heftiger ausfallen, weil die Wahrheiten aufgeschoben werden, solange es geht.

Einige ältere Menschen, heutige Rentenbezieher, wenden gelegentlich ein, sie hätten nach dem Zweiten Weltkrieg das zerstörte Land wieder aufgebaut. Das ist richtig und eine gewaltige Leistung. Und doch müssen sich die heutigen Rentner von den Jungen gefallen lassen: „Schön, dass ihr das Land wieder aufgebaut habt, ihr habt es auch vorher kaputt gemacht! Auf uns lastet der größte Schuldenhaufen aller Zeiten."

Oder ist die Welt doch eine Scheibe

Viele Ahnungslose glauben, ein Staat könne nicht pleitegehen. Diese Phrase packen Sie am Besten in die Schublade Realitätsverweigerung, denn die Aussage ist so wahr, wie dass die Titanic unsinkbar sei.

Selbstverständlich können Staaten den Bankrott melden; das passiert, wenn eine Regierung die Schulden nicht bedient. Ein Blick in die Geschichte genügt, um zu sehen, dass Staatspleiten immer wieder passieren. Deutschland ist nicht ausgenommen, das Land war im vergangenen Jahrhundert zweimal zahlungsunfähig, nämlich 1923 und 1945. Staunen Sie über Menschen, die behaupten, die Pleite der Bundesrepublik sei ausgeschlossen. Halten Sie inne und überlegen Sie, warum die Zinsen so mickrig sind; in Japan zum Beispiel würden drei Prozent Zins den Staatshaushalt sofort in den Abgrund reißen.

Schauen Sie sich um, wie viele Menschen ihr Geld vom Staat bekommen: Rentner, Studenten, Beamte, Angestellte... Auch viele Selbstständige beziehen ihren Lohn vom Land, und zwar dann, wenn sie Staatsaufträge annehmen beispielsweise für die Ausstattung einer Behörde mit Computern.

Inzwischen beansprucht der Staat mehr als die Hälfte des Sozialproduktes. Bei der Umverteilung des Volkseinkommens kann von einer Marktwirtschaft keine Rede mehr sein. Diese bekämen wir wieder bei einer Quote von zehn Prozent, im Kaiserreich lag sie übrigens bei fünfzehn und dies war den Bürgern zu viel.

Noch glaubt die Mehrheit an den starken Staat, der alle Probleme lösen wird. Das ist Augenwischerei. Wir stehen vor einer Verschuldungskrise von welthistorischem Ausmaß bei gleichzeitiger Implosion der heimischen Bevölkerungszahl. Der Wohlfahrtsstaat wird langsam, aber mit voller Kraft an die Wand gefahren. Am Ende gibt es weder die Wohlfahrt noch den Staat.

Kompakt

- Sehen Sie das Gute in Deutschland, seiner Schönheit, der Kraft und dem Potenzial seiner Bürger.
- Misstrauen Sie dem Schulden machen, denn dies ist vorgezogener Konsum.
- Geld wird durch Banken aus der Luft geschöpft, um die Party am Laufen zu halten.
- Lassen Sie sich nicht von Scheinreichtum blenden, der durch exponentiellen Zinswucher entsteht.
- Die deutsche Bevölkerungszahl sinkt mit zunehmender Geschwindigkeit.
- Fehlende Kinder werden weder die Schulden zurückzahlen, geschweige denn die Ansprüche der Älteren erfüllen.

- Staaten können Pleite gehen, ein Blick in die Geschichte zeigt es.
- Der Staat beansprucht etwa die Hälfte des Sozialproduktes: Trennen Sie sich von falschen Denkmustern, wir hätten eine Marktwirtschaft.
- Unser Wohlfahrtsstaat fährt an die Wand. Am Ende ist weder die Wohlfahrt noch der Staat.
- Verzweifeln Sie nicht, jedes Ende ist ein Anfang.

Wie erfassen Sie das Weltgetriebe auf anschauliche Art?

Oder wie erklären Sie Ihrem Kinde, was passiert?

2 Herr Holle und des Kanzlers neue Kleider

So verstehen Sie die Situation im Land

„Nachsinnige Verachtung mit dem Sarkasmus der Heiterkeit zu verbinden: das ist die beste Philosophie für die Welt."

Nicolas Chamfort (1741 – 1794), Schriftsteller in der Zeit der Französischen Revolution

Elektrogold will nach Jerusalem

Wussten Sie, dass weniger als zwei Prozent des gehandelten Goldes physisch vorhanden ist? Lediglich diesen Teil können Sie als Münzen oder Barren anfassen. 98 Prozent des Edelmetalls existiert als Elektrogold oder Papiergold in Form von Zetteln, Zertifikaten und Derivaten. Das sind Bits und Bytes auf Computerfestplatten, heiße Luft.

In einer Marktwirtschaft ergibt sich der Preis durch Angebot und Nachfrage. Das ist grundsätzlich richtig. Aber was wird tatsächlich gehandelt? Fragen Sie nach: Ist es physisches Gold? Sind es Barren? Oder sind es elektronische Daten? Konfetti? Wird alles in einen Topf geschmissen, rumgerührt und auf das Etikett gepinselt, es sei Gold. Bei einem Anteil von popeligen zwei Prozent an physischem Gold dürfen Sie fragen, ob man Sie veralbern will.

Sehen Sie künftig den Goldpreis mit anderen Augen, wenn man Ihnen in den Nachrichten einen Keller vorgaukelt, in dem Barren gestapelt sind.

Das Treiben an den Börsen ist wie bei dem Gesellschaftsspiel „Reise nach Jerusalem". Ein anderes

Wort ist „Stuhltanzen" oder „Sesselpolka". Das Spektakel kommt gut an auf Feiern, bei Hochzeiten oder Kindergeburtstagen. Angenommen elf Personen möchten spielen, mit zehn Stühlen wird ein Kreis gebildet, ein Stuhl ist zu wenig.

Der Spielleiter legt Musik auf, die Spieler tanzen im Kreis. Die Zuschauer erleben ein Schauspiel, wenn sie die Akteure beobachten, wie diese mit den Hintern über die Sitzflächen schweben und von Lücke zu Lücke schleichen. Denn alle ahnen, was passieren wird... Irgendwann schaltet der Spielleiter die Musik ab und jeder Spieler muss einen Stuhl ergattern. Logisch, dass Einer übrig bleibt. Zum Ende hopsen zwei Leute um einen Hocker, der letzte Setzer gewinnt.

Was hat das mit dem Goldmarkt zu tun? Sie können sich das Handelsgeschäft im Prinzip wie das Spiel „Reise nach Jerusalem" vorstellen. Nur mit einem gravierenden Unterschied: Auf der Spielfläche steht ein Stuhl. Auf diesem liegt eine Feinunze Gold, das könnte beispielsweise eine Münze Krügerrand sein.

Um den Stuhl tanzen nicht zwei Spieler, sondern 50 oder mehr. Die johlen mit einen Papierschnipsel in der Hand, auf dem steht, es handele sich um eine Feinunze Gold. Die Spieler glauben das, denn sie haben für den Pappdeckel über tausend Euro bezahlt. Oder die Spieler winken mit einem Smartphone, auf dem der Besitz einer Feinunze halluziniert wird. Das Elektrogold gaukelt den Künstlern vor, sie haben Anspruch auf die Münze auf dem Stuhl.

Wichtig ist, dass die Meute in Bewegung bleibt. Deshalb darf die Musik nicht ausgehen, die Illusion muss bleiben. Regelmäßig kommen neue Tänzer und es gehen Spieler. Man könnte sagen, die Investoren seien ins Gold eingestiegen oder umgekehrt, die Märkte wenden sich ab. Hauptsache, die Musik dudelt! Übrigens: Das Hopsen um die Stühle nennt man „Arbeiten". Oder „Wertschöpfung". So erwerben Stuhltänzer

Geld, wenn sie Pappdeckel als Zertifikate bezeichnen und an gutgläubige Sparer verhökern.

Um die Zuschauer am Ball zu halten, ist es von Vorteil, regelmäßig einen Experten zu interviewen. Man holt dazu einen Tänzer vor die Kamera, fragt, wie es an den Märkten aussieht: „Die Börsen sind nervös..." oder „die institutionellen Anleger steigen aus..." Behalten Sie im Hinterkopf, die Musik muss trällern. Den Trubel nennt man Arbeit und wenn diese Dummheit oft genug wiederholt wird, glaubt das die Masse.

Ohne Ende bis zum Ende

Was passiert, wenn die Melodie stoppt? Im Spiel stürzen sich 50 Leute (Händler, Rohstoffexperten, Banker, Kleinsparer) auf den einen Stuhl, um die Münze aus Metall zu bekommen. Der Investor Warren Buffet (einer der reichsten Männer der Welt) bezeichnet die künstlichen Finanzinstrumente (das sind die Pappdeckel, Excel-Tabellen, Computerdaten) als finanzielle Massenvernichtungswaffen. Angenommen, alle 50 Personen wollen wegen Musikausfall auf den einen Stuhl springen, dann sind vier Tonnen Menschenfleisch für den Sessel eine Massenvernichtungswaffe. Real ergattert nur eine Person die Münze. Die anderen 49 Leute erfahren, dass ihr Elektrogold nichts wert ist – wenn sie es nicht wissen.

Sollten Sie dieses Schauspiel als passenden Vergleich begreifen, dann verstehen Sie abenteuerliche Prognosen von Skeptikern, die behaupten, der Goldpreis schießt eines Tages um den Faktor fünfzig in die Luft. Sie zweifeln, das könne nicht sein. Warum nicht? Sind doch 98 Prozent des Edelmetalls nur fiktiv vorhanden. Am besten Sie meiden „Finanzinnovationen" und alles, was Ihnen unverständlich ist.

Lassen Sie sich ebenso nicht von Marktberichten irreführen. Denn: Das Spiel bleibt in Bewegung, weil täglich berichtet wird. So könnte beispielsweise im Handelsraum, dem Tanzsaal, eine Anzeigetafel installiert werden, die den aktuellen Goldpreis zeigt, der sich durch die Anzahl der kommenden und gehenden Personen ergibt. Doch widerstehen Sie der Versuchung, mittanzen zu wollen, denn die professionellen Händler spielen nicht mit ihrem eigenen Geld, sondern mit dem, gutgläubiger Anleger.

Und wie ist es bei den anderen Märkten? Zum Beispiel beim Schwestermetall Silber? Da hopsen mehr als 50 Leute um eine Silberunze. Übrigens: Sie müssten beim Kauf von echten Silbermünzen (Metall) neunzehn Prozent Mehrwertsteuer aufzahlen, bei Silberzertifikaten (Papier) entfällt diese. Eindeutiger können sie das Blendwerk nicht erkennen.

Wenn Sie Nachrichten mit riesigen Finanzwerten hören (Millionen, Milliarden, Billionen), dann gönnen Sie sich das Vergnügen, die Zahlen in reale Sachen zu übersetzen. So entlarven Sie den Irrsinn der fiktiven „Werte".

Beispiel: Sie erfahren in den Nachrichten, dass der Goldpreis schlagartig um zwei Prozent eingebrochen ist, weil institutionelle Anleger Kontrakte in den Markt geworfen haben, und zwar in einem Volumen von 400 Tonnen. Schlagartig.

Malen Sie einen bildhaften Vergleich! 400 Tonnen sind 400 000 Kilobarren. Ein Barren ist ungefähr halb so groß wie eine Tafel Schokolade, aber zehnmal schwerer. Diese Menge wurde blitzartig an die Rohstoffbörse geworfen? Seltsam, nicht wahr? Fragen Sie, wie es in den Straßen von New York aussieht. Wie erging es den Händlern auf dem Weg ins Büro? Wie viele Leute wurden erschlagen? 400 Tonnen... die Flugzeuge, die ins World Trade Center flogen, wogen „nur" jeweils 150 Tonnen... Fazit: Es wurde kein echtes Gold in den Markt geworfen, wie Ihnen die Nachrichten suggerieren, es sind Computer, die Elektrogold nach Jerusalem pusten.

Wer profitiert von diesem Hampelmann-Theater? Warum ist Gold den Bankern und Politikern verhasst? Wieso wird das Edelmetall schlecht geredet? Der Grund ist einfach: Wenn Sie Geld von der Bank borgen, dann sind Sie der Schuldner und die Bank ist der Gläubiger. Wenn die Bank Geld bei Ihnen borgt - das tut sie, sobald Sie Geld auf ein Konto einzahlen, dann ist die Bank der Schuldner und Sie sind der Gläubiger. Wenn Sie Gold haben und es außerhalb der Bank lagern, dann gibt es weder Schuldner noch Gläubiger. Das Spiel ist aus! Sie spielen nicht mit, Sie haben ihr Geld in Sicherheit gebracht, vor wem auch immer.

Beispiel: Ich besuche eine Feier zum neunzigsten Geburtstag von Tante Gertrud. Ihr geliebter Rentnerchor singt, ein Festredner würdigt ihr Leben. Auf Wunsch der guten Frau beschreibt der Laudator nicht den Lebenslauf von Gertrud, zu schmerzhaft waren einige Abschnitte; sondern er erzählt über die Zeiten, in denen die Dame lebte, zum Beispiel die Phasen der beiden Weltkriege. Im Jetzt führt Gertrud ein unangefochtenes Leben, sie ist fröhlich und zufrieden. So kocht sie gern und sagt, die einfachen Speisen seien die Besten. Der Redner hebt hervor, dass Gertrud dreimal die Ersparnisse verlor durch Inflation beziehungsweise durch eine Währungsreform. Mein zynischer Kommentar ist, Getrud solle hundert Jahre werden, dann würde sie zum vierten Mal ihre Rücklagen verlieren.

Dazu kam es nicht, denn die Tante verstarb friedlich im Alter von 93 Jahren. Die lebenskluge Frau hinterließ den Hausrat, sechstausend Euro Bargeld auf einer

Sparkasse und fünfundzwanzig Feinunzen Gold in Krügerrandmünzen.

Edelmetalle haben in der öffentlichen Meinung wenige Fürsprecher, den Käufern lastet ein schlechtes Image an: Steuerhinterzieher, Verschwörungstheoretiker, Angsthasen, Pessimisten, Verlierer oder Ahnungslose. Dabei zeigt ein Blick in die Geschichte, dass Gold das Krisenmetall schlechthin ist; gestern, heute und morgen. Es ist unteilbar, edel, selten, schön, ewig, leicht teil- und transportierbar und in allen 194 Ländern der Welt anerkannt. Wer Gold hat, der hat immer Geld, ist willkommen und kann überall bezahlen. Gertrud wusste das.

Sie könnten einwerfen, ihr Kollege sage, Gold könne man nicht essen. Das ist ein dummer Spruch, und zwar deshalb, weil man Bargeld, Computerfestplatten und Sparbücher ebenso nicht essen kann. Außerdem bringe Gold keine Erträge, das ist eine weitere Phrase. Die Tante Gertrud verzichtete auf Zinsen. Und wenn Sie eine Unze Gold im Jahr 2005 für 500 Euro gekauft hätten, zehn Jahre später für 1 000 Euro verkaufen könnten, was wollten Sie mit Zinseszins und Zinseszinszinszinsen, die noch zu versteuern wären?

Solange wir fällige Schulden mit neuen Schulden ablösen und jeden Tag mehr ausgeben als einnehmen, solange sind Sie mit Sachwerten auf der sicheren Seite. Die Edelmetalle sind seit Jahrtausenden der letzte Anker, wenn die Papierwährungen untergehen. Schauen Sie deshalb gelassen zur Seite, wenn an den „Märkten" die Musik trompetet. Lassen Sie sich nicht mit Lügen einseifen, mögen sie als wissenschaftlich fundierte Fakten lackiert sein.

Rechnen Sie um, wenn Sie einen Milliardenbetrag in Euro zweifelhaft finden, und zwar in Sachwerte wie Häuser, Autos, Immobilien, Gold, Kilogramm oder Tonnen.

Beispiel: Sie hören, dass Griechenland von der Euro-päischen Union mit 86 Milliarden Euro „gerettet" wird, überschlagen Sie: 86 Milliarden sind bei einem Kilopreis Gold von 35 000 Euro 2 457 Tonnen. Das ergibt eine Schlange von 65 Lastkraftwagen mit einer Ladung von jeweils 38 Tonnen plus Wachpersonal samt Maschinenpistolen. Machen Sie ein argloses Gesicht und fragen Sie: Fährt der Transport von der EZB-Zentrale in Frankfurt über die A3 oder die A5 nach Athen? Beobachten Sie die Reaktionen Ihrer Zuhörer...

Natürlich fahren keine 65 LKW durchs Land. Aber auf diese Art und Weise beschreiben Sie treffend den Irr-sinn, der jeden Tag passiert. Regen Sie Ihre Gegen-über zum Nachdenken an. Aber erwarten Sie nicht, dass sie es tun, denn zu stark könnte der Glaube an das sein, was aus dem Fernseher kommt.

Das Pferd und die Pferdheit

Von den griechischen Philosophen Antisthenes und Platon ist überliefert:

Der Kyniker Antisthenes: „Mein lieber Platon, ich sehe zwar das Pferd, nicht aber die Pferdheit." Darauf Platon: „Ja, du hast eben das Auge, mit dem man das Pferd sieht, aber das Auge, mit dem man die Pferdheit sieht, das hast du nicht."

Antisthenes meint das Konkrete (das Pferd), Platon verallgemeinert ins Abstrakte (die Pferdheit). Wenn Sie die Realität verstehen wollen, dann suchen Sie die Erklärung im Konkreten und lassen Sie sich nicht ins Abstrakte treiben, sonst sehen Sie zwar das Schaf, während ihr Gesprächspartner von den Animals redet.

Die Fähigkeit zum abstrakten Denken ist ein Zeichen von Intelligenz, das konkrete Bild ist schärfer. So sagte Goethe - sein Intelligenzquotient lag bei 220:

„Allgemeine Begriffe und großer Dünkel sind immer auf dem Wege, entsetzliches Unheil anzurichten.“

Ich behaupte, es ist versuchte Manipulation, wenn Agitatoren bewusst im Abstrakten schwafeln, ohne ein fassbares Beispiel liefern zu können. Denn ohne anschauliche Fälle bleiben abstrakte Beleuchtungen das, was sie sind: Geschwätz, um unverbindlich zu bleiben und um den Zuhörer einzuseifen.

Abstraktes Gefasel nenne ich „das große Huuu“ und ich spreche das „Huuu“ langzogen aus, als wäre ich in einer Geisterbahn. Beispiel: „Das internationale Gesellschaftsgefüge“ ... Huuu. „Das globalisierte Finanzsystem“... Huuu. „Die evaluierten Gesamtzusammenhänge“ ... Huuu. „Die soziale Gerechtigkeit“ ... Huuu. Lesen Sie eine Zeitung, hören Sie ein Interview mit einem Politiker: Stellen Sie sich das Huuu als Nebel oder Seifenschaum vor. So müssen Sie nicht an Ihrem Verstand zweifeln, wenn Sie nur Dampf sehen.

Benennen Sie Sachverhalte, wie Sie diese empfinden, erleben und das konkret in einer bildhaften Sprache.

Die Weisen

Im November 2008 auf dem Höhepunkt der Finanzkrise fragte die Queen Elisabeth die führenden Wirtschaftswissenschaftler Großbritanniens:

„Warum hat niemand die Krise kommen sehen?“ Tim Besley und Peter Hennessy und andere Autoren antworteten mit dem Fazit: „Zusammenfassend, Eure Majestät, lässt sich das Versagen, Zeitpunkt und Ausmaß der Krise vorherzusehen und entsprechende Gegenmaßnahmen vorzuschlagen, damit begründen... dass die kollektive Vorstellung vieler intelligen-

ter Personen, sowohl im In- wie auch im Ausland, nicht dazu ausreichte, die Risiken des Systems als Ganzes zu begreifen." (Quelle: Die Welt-Online, 10.8.2009)

Kurz gefasst: Die Elite der Wirtschaftsprofessoren sagt, sie hat die Krise nicht kapiert. Wie sollten Sie verstehen, wenn alle Experten der Queen versagen? Ich gebe Ihnen auf diesem knappen Raum ebenso keine Erklärung. Denn es wäre anmaßend zu behaupten, ich könne dies. Aber so viel darf ich Ihnen sagen, es gibt genug Experten, welche die Krise erwarteten. Nobelpreisträger Krugmann gestand: „Ich hätte sie kommen sehen müssen".

Der deutsche Nobelpreisträger August Friedrich Hayek (1899-1992) sah das Drama vorher wie alle Vertreter der österreichischen Schule der Volksökonomie. Diese Wissenden kommen aber in den Hauptnachrichten nicht zu Wort, denn sie singen nicht das Lied derer, die das Brot verteilen.

Im Lustgarten der „blühenden" Landschaften

Eine brillante Erklärung, wie es zu Finanzkrisen kommen kann, liefert Johann Wolfgang von Goethe (1749-1832) in seinem Werk Faust 2, Szene Lustgarten. Man könnte sagen, Goethe sei der Erfinder der Finanzkrise! Doch er war nicht nur fähig, das Abstrakte zu begreifen, sondern er konnte es im Konkreten erzählen und in Verse packen.

Zum Beginn der Szene „Lustgarten" liegt das Kaiserreich am Boden, das Land ist verschimmelt, es fehlt an Geld. Faust und Mephisto beschließen, Abhilfe zu schaffen, ein Aufschwung soll kommen. Das Vorhaben klappt, der Kaiser ist verwundert, er verlangt Aufklärung.

Sein Kanzler: „Zu wissen sei es jedem, der's begehrt: Der Zettel hier ist tausend Kronen wert. Ihm liegt *gesichert, als gewisses Pfand, Unzahl vergrabnen Guts im Kaiserland. Nun ist gesorgt, damit der reiche Schatz, sogleich gehoben, diene zum Ersatz."*

Faust und Mephisto schaffen Papiergeld ohne Deckung mit dem Verweis, dass irgendein Pfand im Boden vorhanden sein müsste.

Ziehen Sie die Parallele: Öffnen Sie Ihre Geldbörse und schauen Sie einen 10-Euro-Schein an... Das ist ein Baumwollzettel, der in der Herstellung etwa sechs Cent kostet. Er verspricht Ihnen, dass Sie dafür Waren im Wert von 10 Euro bekommen. Das klappt, solange die Versicherung gehalten wird. Mit Elektrogeld auf dem Bankkonto ist es im Prinzip das Gleiche. In Goethes Lustgarten reagiert der Kaiser:

„Ich ahne Frevel, ungeheuren Trug! Wer fälschte hier des Kaisers Namenszug? Ist solch Verbrechen ungestraft geblieben?"

Sie sehen, der Kaiser begreift, welche Lüge fabriziert wird. Der Marschalk beruhigt und erinnert, der Kaiser unterschrieb selbst nach durchzechter Nacht, der Kanzler ergänzt, danach rollten die Druckerpressen:

„Damit die Wohltat allen gleich gedeihe, so stempelten wir gleich die ganze Reihe, Zehn, Dreißig, Funfzig, Hundert sind parat, Ihr denkt euch nicht, wie wohl's dem Volke tat."

Heute heißt die Geldschwemme Konjunkturprogramm oder Rettungspaket. Auch im Lustgarten wirkt die Droge, der Kanzler sagt zum Kaiser:

„Seht eure Stadt, sonst halb im Tod verschimmelt, wie alles lebt und lustgenießend wimmelt!"
Im Heute könnten Sie feststellen: Die Maßnahmen der Zentralbank greifen, die Konjunktur springt an. Die

Geldschwemme wirkt, im Faust berichtet der Marschalk:

„Nun geht's von da zum Fleischer, Bäcker, Schenken;
die halbe Welt scheint nur an Schmaus zu denken,
wenn sich die andre neu in Kleidern bläht. Der Krämer schneidet aus, der Schneider näht. Bei »Hoch
dem Kaiser!« sprudelt's in den Kellern, dort kocht's
und brät's und klappert mit den Tellern."

Kann man es schöner formulieren? Es ist wie heute: Konsum, Party, Schaffen, Event, Mode, Rackern, Holiday... es hat sich nichts geändert. Außerdem zeigt Mephisto dem Kaiser, wie praktisch das Papiergeld funktioniert, welch Hebel es sei zum Erlangen von Status und Liebesgunst. Nach den „Beweisen" vertraut der Kaiser Faust und Mephisto die Schätze des Landes an. Oder man könnte auf heute übertragen, die beiden wurden Chef für das (Zentral)-Bankwesen.
Es gibt nur eine Person, die der Orgie misstraut. Das ist der Narr:

„Die Zauberblätter! Ich versteh's nicht recht."... Der
Kaiser: *„Das glaub' ich wohl, denn du gebrauchst sie*
schlecht."

Aber letztlich nutzt selbst der Narr die Zauberblätter. Die Wachstumsorgie geht weiter, die Exponentialfunktion wirkt und es kommt, wie es kommen muss. Faust lamentierend zu Mephisto:

„Du hast, Geselle, nicht bedacht, wohin uns deine
Künste führen; erst haben wir ihn [den Kaiser] reich
gemacht, nun sollen wir ihn amüsieren."

Brot und Spiele. Doch Mephisto antwortet kühl:

„...machst frevelhaft am Ende neue Schulden... wie das Papiergespenst der Gulden."

Papiergespenst - Sie können ohne Skrupel die Währung Gulden ersetzen, und zwar durch Euro, Dollar, Yen oder jede andere Währung dieser Welt. Übrigens planen China und Russland, den Rubel und Yuan wieder mit Gold zu unterlegen, genug Metall hätten sie gebunkert. Was dann mit dem Dollar und dem Euro passiert, dies bleibt Ihrer Phantasie überlassen.

Jedenfalls können Sie behaupten, Goethe sei der Erfinder der Finanzkrise. Wir stopfen zweihundert Jahre später finanzielle Löcher mit Papier-, oder besser Elektrogeld. Goethe hatte eine unglaubliche Phantasie, aber ich glaube nicht, dass der Denker so viel davon hatte, sich vorzustellen, dass wir zweihundert Jahre später im Netz der Zentralbanken „Lustgarten" auf der ganzen Welt spielen.

Wie geht die Szene aus? Gibt es eine Lösung? Nein. Es wird knallen. Das weiß auch Goethe. Faust und Mephisto hauen ab, der Teufel sagt:

„Das Heidenvolk geht mich nichts an, es haust in seiner eignen Hölle."

Warum durchschauen die Wenigsten das Spiel? Weil sie es nicht verstehen sollen oder wollen. Denn wäre dies so, dann erkennen wir uns im größten Pyramidenspiel aller Zeiten. Vielleicht geht die Party noch einige Jahre, zu süß sind die Verlockungen.

So sagte Rothschild 1863 - drei Jahrzehnte nach Goethes Tod:

„Die Wenigsten, die das System verstehen, werden so sehr an seinen Profiten interessiert sein oder abhängig sein von der Gunst des Systems, dass aus deren Reihen nie eine Opposition hervorgehen wird. Die große Masse der Leute aber, mental unfähig zu be-

greifen, wird seine Last ohne Murren tragen, viel-
leicht sogar ohne zu mutmaßen, dass das System
ihren Interessen feindlich ist.“

Herr Holle, schmeiß das Geld herein

Im „Lustgarten" ist nicht ersichtlich, wie das Geld unter die Leute kommt. Eine passende Erklärung für das, was wir jeden Tag tun, ist Monopoly. Das Spiel ist seit fast hundert Jahren das erfolgreichste Brettspiel der Welt, vielleicht deshalb, weil es unser Wirtschaften in perfekter Weise simuliert.

1948, nach dem Krieg, nach der Währungsreform startete jeder Westdeutsche in die Zeit des „Wirtschaftswunders" mit 40 Deutschen Mark „Kopfgeld". Im Spiel Monopoly erhält jeder Spieler zum Start 1. 500 Spielgeld.

Das Ziel ist, als einziger Spieler dem Bankrott zu entgehen und als Reichster die Partie zu beenden. Der Sieger besitzt am Ende alles, die anderen nichts. Und sie zweifeln, dass Sie, dass ich, dass alle, dass wir jeden Tag diesen Sport betreiben?

Monopoly: Zu Beginn wählt jeder Teilnehmer einen
Bankhalter. Dann würfelt jeder und geht im Uhrzei-
gersinn über das Spielfeld. Je nachdem, auf welchem
Feld der Spieler landet, kann er: Grundstücke kaufen,
versteigern, Miete zahlen, Steuern abliefern, eine
Gemeinschaftsaufgabe erfüllen oder im Gefängnis
landen.

Auf dem Brett ist ein besonderes Feld, das Feld LOS.
Von dort startet das Spiel und wenn der Spieler nach
einer Runde wieder darüber läuft, dann passiert et-
was Entscheidendes: Der Spieler bekommt Geld. Ein-
fach so. 200 Spielgeld. Ohne Gegenleistung, für
nichts. Und deshalb nenne ich dieses Feld „Herr Hol-
le-Feld", weil das Geld mitgegeben wird, als bekäme

man es hinterhergeschmissen, egal wer vorbei geht. Herr Holle macht im Gegensatz zum Märchen Frau Holle keinen Unterschied, ob die fleißige Goldmarie oder die faule Pechmarie daher kommt, es gibt Geld für umsonst und für jedermann aus der Papiergeldkiste.

Sie könnten einwerfen, das sei fern der Realität. Wirklich? Im Jahr 2015 kauft jeden Monat die Europäische Zentralbank für 80 Milliarden Euro marode Staatsanleihen. Das heißt, sie übernimmt mit Geld aus der elektronischen Druckerpresse die Schuldscheine von Staaten der Eurozone. Das wären bei ungefähr 340 Millionen Einwohnern in der Eurozone rechnerisch 235 Euro pro Monat und pro Person. Was machen Sie mit „Ihren" 235 Euro diesen Monat? Und im Nächsten? Laden Sie mich zum Essen ein? Richtig, Sie hatten keinen Kontoeingang, Sie werden nie einen haben und das liegt daran, dass Sie nicht drangekommen sind.

Wenn ein Monopoly-Spiel im Gange ist, läuft es wie im Lustgarten oder im realen Leben: Grundstücke kaufen, Häuser und Hotels bauen, Grundstücke verkaufen oder übertragen, Hypotheken aufnehmen...

Sollten Sie nicht mitspielen, am Rande stehen, die Spieler beobachten, für Snacks und Getränke sorgen, dann machen Sie sich einen Spaß! Werfen Sie hin und wieder Kommentare in den Raum: „Die Schere zwischen Arm und Reich öffnet sich!" Das liegt in der Logik des Spiels, machen Sie ein betroffenes Gesicht und verkneifen Sie sich ein Grinsen, sagen Sie: „Reich werden ist ja leicht, es gibt immer neues, bedingungsloses Einkommen..." Dafür sorgt Herr Holle, auch Idioten können Millionär werden. „Wo bleibt die soziale Gerechtigkeit?". Lachen Sie, bevor s
Sie nachsetzen: „Muss die Politik einschreiten - Huuu?"

In der Realität spielen wir nicht nur Monopoly, es ist unser täglicher Ernst. Und so leben wir in Zeiten der perversesten Finanzpolitik und keiner bekommt es mit. Lord Keynes, das ist der Ökonom, dessen Gedanken heute der sogenannte Mainstream sind, wusste um die Folgen (1920):

„Es gibt kein feineres und sicheres Mittel, die bestehenden Grundlagen der Gesellschaft umzustürzen, als die Vernichtung der Währung. Dieser Vorgang stellt alle geheimen Kräfte der Wirtschaftsgesetze in den Dienst der Zerstörung, und zwar in einer Weise, die nicht einer unter Millionen richtig zu erkennen imstande ist."

Sie und ich, wir werden nicht dieser eine unter Millionen sein, wenn alle Experten der Queen Elisabeth nicht in der Lage sind, die Ursachen der Finanzkrise zu begreifen. Aber es reicht, Monopoly zu spielen und zu sehen, warum die einen Reicher werden und die anderen verlieren. Das ist keine Kunst.

Was macht Herr Holle? Ganz legal, absolut gesetzestreu und ohne böse Absichten vergrößert er die Geldmenge. Das ist alles. Es passiert mit jedem Übertritt des Feldes LOS. Wundern Sie sich nicht, wenn die Armen ärmer werden und die Reichen immer reicher. Wichtig ist nur, dass ein Spieler von Beginn des Spieles am Start steht, wenn er gewinnen will.

Heute ist es Mehrheitsmeinung, dass mit jedem Wirtschaftswachstum die Geldmenge ausgeweitet werden muss. Es gibt zahlreiche Ökonomen, die widersprechen. Wohin die Gelddruckorgie führt, das erleben Sie in der realen Welt – nur verstehen sollen Sie es nicht.

Das Schweigen der „Kleiderweisen"

Bestimmt kennen Sie das Märchen „Des Kaisers neue Kleider" von Hans Christian Andersen. Mit dieser Geschichte können sie erneut Parallelen ziehen, um das Puzzle zusammenzusetzen:

Die Geschichte erzählt von einem Kaiser, der so viel auf neue Kleider hält, dass er alles Geld dafür ausgibt. Es kommen zwei Betrüger, die ihm vorgaukeln, die besten Kleider zu nähen. Sie stellen zwei Webstühle auf und tun so, als ob sie arbeiten, doch sie haben nichts auf dem Webstuhl.

Der Kaiser schickt regelmäßig seine Experten – ich nenne sie die Kleiderweisen, damit diese sich um den Stand der Webarbeiten erkundigen. „Alles in bester Ordnung" ist die Rückmeldung. Die Hofschranzen loben die Betrüger, weil sie nicht zugeben wollen, dass sie nichts sehen. Im Gegenteil, die Schwindler erhalten ein Ritterkreuz und den Titel „Hofweber".

"Ei, wie gut sie kleiden, wie herrlich sie sitzen!", sagen alle „Kleiderweisen" und glauben ihre Lügen: der Minister, die Beamten, der Oberzeremonienmeister, die Kammerherren, die Menschen auf der Straße. Keiner wollte sich anmerken lassen, dass er nichts sieht.

Es war letztlich das Kind, welches lacht und ruft: "Aber er hat ja gar nichts an!"

Vielleicht kommt eines Tages ein Kind zu Ihnen und bemerkt: „Die Zahlen auf dem Kontoauszug sind ja gar nichts wert." Recht könnte es haben...

Warum schweigen die Experten, die „Kleiderweisen"? Das ist einfach. Sie sind Lobbyisten in eigener Sache, sie profitieren vom Posten am Hof, sie dürfen an der Tafel sitzen, sie haben Status, Titel und erhalten für ihre Duckmäuserei Gehalt.

Heute unterliegen wir der Geldillusion, wenn wir glauben, dass wir reicher werden, weil die Zentralbank frisches Geld schöpft. Der Spruch „ich habe Geld auf der Bank" müsste richtig heißen „mein Geld sind jederzeit löschbare Bits und Bytes auf der Festplatte meiner Bank", wie bei des Kaisers neue Kleider.

Wie lange noch?

In der Szene „Lustgarten" hauen Faust und Mephisto ab *(„was geht das Heidenvolk mich an, es haust in seiner eigenen Hölle")*. Monopoly endet, wenn einer alles hat und die anderen bankrott sind, der Kaiser sieht am Ende, dass er nackt ist. Was er mit seinen „Weisen" macht, ob diese zu „Waisen" werden, schildert Andersen nicht. Das sind die Geschichten.

Geht unser Leben weiter wie im Märchen „Fischer und seiner Frau"? Dort schickt die Fischersfrau ihren Mann zum Zauberbutt, um sich Wünsche erfüllen zu lassen: Haus und Hof, Fürstin, Schloss, Königin, Palast, Papst und letzlich wollte die Frau der liebe Gott werden. Zum Schluss landet sie wieder in der alten Hütte.

Sind es die laufend wachsenden Bedürfnisse, die nach oben treiben? Die „Kleiderweisen" sagen ja, denn so schreiben es die Lehrbücher. Ich glaube die Phrase von den immer wachsenden Wünschen nicht. Ich denke, die Exponentialfunktion der Geldvermehrung zwingt uns, laufend Wachstum erfinden zu müssen und neue Sehnsüchte auszubrüten.

Hören Sie die mediale Dauerpropaganda: Wir brauchen Wachstum, Steigerung der Wettbewerbsfähigkeit, Innovation; schneller, höher, weiter. Ist das nicht nervend? Denn was ist daran schön, etwas zu verbrauchen?

Die Idiotie verstehen Sie, indem Sie sofort den Konsum ankurbeln. Los jetzt!

Das machen Sie angenommen so: Stehen Sie auf, öffnen Sie alle Fenster und stellen Sie die Heizung an. Lassen Sie die Kühlschranktür offen, damit es im Raum nicht zu warm wird. Gehen Sie in die Küche, schalten Sie alle Herdplatten und das Bügeleisen ein; das steigert den Stromverbrauch. In Bad und Küche drehen Sie alle Wasserhähne auf. Gehen Sie in den Supermarkt, kaufen Sie neue Lebensmittel und beschleunigen Sie die Binnennachfrage... Sie sehen, was für ein Unfug es ist mit der Verbrauchskurbel.

Was ist in Deutschland im Jahr 2009 geschehen mit der Abwrackprämie? Es gab Geld vom Staat in Höhe von 2.500 Euro, wenn ein altes Kraftfahrzeug verschrottet wird, um ein neues zu kaufen. Zugelassene Fahrzeuge wurden zerstört, Autos mit gültiger TÜV-Plakette. Übrigens: In meinem Bekanntenkreis fährt 2016 immer noch ein VW Golf, der die Prämie überlebte.

Die „Geldspende" wird 2009 im Rahmen des Konjunkturpakets II eingeführt, sodass die Autobauer etwas zu tun haben. Die Geschichte gehört in die Rubrik „Löcher ausschaufeln und wieder zuschütten." Damit der Nonsens nicht auffällt, heißt die Prämie „Umweltprämie".

Sollte das heilige Wachstum stoppen, dann drehen wir den Export auf: Jedes Jahr feiert Deutschland den selbsterfundenen Titel „Exportweltmeister" oder Platz zwei oder drei – egal. Schaffen, schaffen und raus damit aus dem Land. Es gibt zwar das Gesetz zur Förderung der Stabilität und des Wachstums der Wirtschaft (StabG), aber das scheint vergessen zu sein. Oder wann haben Sie zuletzt davon gehört? Im sogenannten magischen Viereck ist ein Eckpunkt, dass ein „außenwirtschaftliches Gleichgewicht" angestrebt werden muss. Das ist ein Gesetz. Erzählen nur die „Kleiderweisen" von der Schönheit der Exportweltmeisterschaft?

Gleichnis: Stellen Sie sich vor, ein kleiner Exportmeister zu werden: Klingeln Sie bei Ihrem Nachbarn. Überzeugen Sie ihn, dass Sie besser kochen können. Vereinbaren Sie, dass künftig Sie für ihn mitkochen. Er soll pausieren, denn Sie schuften schließlich gern. Und wenn der Nachbar nicht bezahlen kann, weil er Importmeister ist, dann sagen Sie ihm, das sei nicht schlimm, er kann bei Ihnen einen Kredit aufnehmen sozusagen als Hilfspaket.

Wenn er später gesteht, dass er seine Schulden niemals zahlen wird, weil er das nicht kann und er vor Ihrem Küchenwahn einknickt, dann macht dies auch nichts; Hauptsache Sie haben zu tun! Schließlich sind Sie Exportmeister, jedoch in den Augen der Nachbarschaft wären Sie der Depp, weil Sie die Schuldscheine in den Papiermüll werfen können.

Wir spielen das Geldtheater vielleicht noch ein paar Jahre. Aber nicht ewig. Wie im Märchen kommt der Tag der Abrechnung. Nur eines wird nicht passieren. Im Lustgarten hauen Faust und Mephisto ab, bei Monopoly hat einer gewonnen, es war ein nettes Spiel; die Geschichten enden mit einem Lachen und liebevollen Menschen. Im realen Leben werden die Tage der Abrechnung alles andere als fröhlich.

Kompakt

- Unterscheiden Sie zwischen realen Sachen und den fiktiven „Werten", die nur auf dem Papier stehen. Denken Sie zum Beispiel an den Goldmarkt: Weniger als zwei Prozent des gehandelten Goldes ist physisch vorhanden, der Rest ist Elektro- oder Papiergold: heiße Luft.
- Meiden Sie unverständliche Finanzinnovationen.
- Übersetzen Sie zum Verständnis windige Zahlen in reale Werte. Sagen Sie beispielsweise nicht 10 Mil-

liarden Euro, erzählen Sie von 40 000 Einfamilien-häuser.

- Fordern Sie zu abstraktem Gerede ein konkretes Beispiel.
- Benennen Sie die Dinge, wie Sie sie sehen, fühlen und erleben.
- Durchschauen Sie das Zinszinseszins-System des ungedeckten Geldes.
- Betrachten Sie anschauliche Vergleiche: Denken Sie an Goethes Faust II, Szene Lustgarten, das Spiel Monopoly, die Märchen „Des Kaisers neue Kleider" und „Der Fischer und seine Frau". Mehr müssen Sie nicht verstehen, um unsere Wirtschaftswelt zu be-greifen.
- Misstrauen Sie dem Wachstumswahn und dem Irrsinn, Exportweltmeister zu sein.
- Zweifeln Sie nicht, dass der Tag der Abrechnung kommt.

Könnten Sie sich verstecken? Wovor?

3 Euphorisches Siechtum, Crash oder Chaos?

Mit welchen Szenarien Sie rechnen müssen

> *„Hier aber" versetzte Wilhelm, „sind so viele widersprechende Meinungen, und man sagt ja, die Wahrheit liege in der Mitte" – „Keineswegs" erwiderte Montan, „in der Mitte bleibt das Problem liegen."*
>
> aus Wilhelm Meisters Wanderjahre, Johann Wolfgang von Goethe (1749-1832)

Die 62 reichsten Menschen der Welt besitzen so viel wie die ärmere Hälfte der Weltbevölkerung. Das berichtet im Januar 2016 die Hilfsorganisation Oxfam zum Weltwirtschaftsforum: Empört Sie das? 62 Leute haben so viel Vermögen wie 3.600.000.000 Erdenbewohner? Wie schaffen die das? Vermutlich nicht durch Arbeit, wie Sie es kennen. Wahrscheinlich spielen die Reichsten reales Monopoly. Denn ein Jahr zuvor teilen sich 80 Superreiche die Hälfte aller Werte, 18 Geldsäcke rutschen aus der Hitliste. Daran sehen Sie, dass sich auch im Klub der Superreichen die Schere weiter spreizt, und zwar zwischen Ultrareichen und Ultrareichgewesenen.

Bevor Sie Ihre Zeit verschwenden, sich über diese Vermögensverteilung zu entrüsten, schlage ich Ihnen vor: Haben Sie Mitleid mit den Megareichen. Sie werden sie alle auf dem Friedhof wiedersehen.

Bei dem Rattenrennen um immer mehr Geld könnte man denken, dass der gewinnt, der am Grab das meiste hat. Doch dem Sensenmann ist noch keiner entkommen, selbst wenn er als Reicher mit einer zweihundertmeterlangen Yacht im Ozean gondelt. Beispielsweise verstarb 2016 in Berlin ein Immobilienmogul und Milliardär im Alter von 79.

Die Kehrseite riesiger Vermögen sind die ebenso hohen Verbindlichkeiten. Denn was des einen die Vermögen sind, haben die anderen Schulden; zwei Seiten derselben Medaille. Insgesamt werden die Schulden auf dieser Welt auf über 200 Billionen Dollar beziffert – und mit jeder Sekunde wächst der Berg. Theoretisch hätten die Urgroßeltern 1923 diesen Betrag zahlen können und dies mit einer Hand voll Geldscheinen. Die Zettel nähme nur niemand an. Oder stellen Sie sich vor, gewöhnliche Leute müssten durch Arbeit die Schulden abstottern und das bei einem Mindestlohn von 8,50 Euro; Sie brauchen nicht anfangen zu rechnen, es ist praktisch nicht möglich.

Die Höhe der Schulden und gleichsam der Vermögen ist nicht das Hauptproblem. Das Dilemma sind die Zinsen! Stellen Sie sich vor, dass auf 200 Billionen zwei Prozent Zinsen oder Dividenden fällig wären: Das ergibt vier Billionen, davon bekommen 72 Superreiche zwei; die „Armen" könnten damit weiter zocken. Nächste Runde.

Wie Sie es auch betrachten, irgendwann funktioniert dieses absurde Spiel nicht mehr, weil Bäume nicht in den Himmel wachsen. Vielleicht taucht eines Tages ein Held auf, wie Robin Hood oder James Bond 007, um im Namen der Königin das Gleichgewicht wieder herzustellen. Keine Sorge, die edlen Ritter kommen nicht, weil es sie nicht gibt oder weil sie am Monopoly-Tisch rumstehen, auf die Geldsäcke aufpassen und ein Trinkgeld bekommen. Und deshalb geht das Spiel weiter bis zum Ende.

Das Problem könnte sich lösen, indem die Schulden nicht bezahlt werden. Theoretisch. Damit zerfällt allerdings auch das Vermögen.

Fiktives Beispiel: Herr und Frau Niedermann gehen in das Reisebüro „Safari" und buchen bei Inhaber Herrn Gutglaub eine Urlaubsreise für sich und die zwei Kinder. Herr Gutglaub sagt: „Schön, dass Sie hier sind und zusätzlich die Schulden ihres Opas begleichen, der hat seine Reisen immer anschreiben lassen: da sind inklusive der Zinsen 24.566 Euro fällig." Niedermann sagt, dass er Großvaters Wechsel nicht bezahlt, denn der Alte ist seit vier Jahren tot. Gutglaub protestiert, das gehe nicht, denn die 24.556 Euro stünden in den Büchern der Firma „Safari". Niedermann lächelt: „Der Alte liegt auf dem Friedhof, die Knete müssten Sie sich dort holen, aber besser wäre, verehrter Herr Gutglaub, sie zerreißen die Schuldscheine und schreiben die 24.556 Euro ab - auf null."

Implosion und innere Verfaulung

Das Beispiel mit Niedermann und Gutglaub erklärt im Miniaturformat, wie Schulden und Vermögen gelöscht werden könnten – man nennt es Schuldenschnitt. Funktioniert das in einer Gesellschaft? Vermutlich nicht. Real würde Gutlaub mit dem Anwalt drohen, die Forderungen eintreiben lassen; Niedermann bekommt keine Urlaubsreise, weil er zwangsweise Opas Verbindlichkeiten erbt.

Was passiert im Seerosenteich, wenn das Becken am hundertsten Tag voll ist? Durch die Wasseroberfläche scheint kein Licht, die Algen sterben, die Fische haben nichts zu essen und verrecken als Nächste. Die Exkremente der Fische düngen nicht mehr die Seerosen, deshalb verhungern sie als übernächste... Am Ende bleibt ein totes und stinkendes Gewässer.

Wenn ich Deutschland, seine Schulden und Vermögen, mit einem Seerosenteich vergleiche, der nach dem hundertsten Tag voll ist, dann tippe ich, dass wir am 98. Tag angekommen sind. Ein bisschen Wachstum geht noch. Und es werden laufend Anstrengungen unternommen, den See zu vergrößern oder die Algen zu düngen. Bisher läuft alles gut, aber bald ist Schluss. Dann erleben wir die Implosion des blühenden Wohlfahrtsstaates.

Die Deutschen sind ein geduldiges Volk. Noch. Im wiedervereinten Deutschland prallen unterschiedliche Mentalitäten aufeinander, die vom rücksichtslosen Egoismus bis hin zur Sozialromantik reichen. Aber die Deutschen vereint von Nord nach Süd und von Ost bis West ein unterwürfiger Glaube an die Staatsautorität. Doch mehr und mehr Bürger verlieren die Zuversicht, die Regierung könne die Probleme Verschuldung und Vermögensschieflage lösen bei gleichzeitigem Wandel der Demografie.

Scheinbar haben heute (2016) die Bürger noch nicht die Schnauze voll vom Untertanengeist. Im Gegenteil, die Massen fühlen sich wohl im „euphorischen Siechtum" und machen weiter. Jeden Monat kauft die Europäische Zentralbank marode Wertpapiere für 80 Milliarden Euro, damit das Spiel weiter läuft. Bis zum Offenbarungseid.

Sagten die sogenannten Verschwörungstheoretiker nicht im Jahr 2008 voraus, dass eine größere Wirtschaftskrise kommen wird mit Massenbankrotten und Bankenpleiten? Ist sie gekommen? Nein, es wird gerettet, was das Zeug hält: Zum Beispiel wandern faule Kredite in „Bad Banks". Das ist so, als würden Sie Biomüll in den Keller bringen, geruchsdicht verschließen und hoffen, dass die Stinkbombe nicht das Haus verpestet. Diese Tricks gaukeln vor, dass das Problem gelöst sei, die Beispiele ließen sich fortsetzen.

Kann man der Schuldenlawine entkommen? Nein. Geben Sie sich nicht der Illusion hin, die Regierenden würden am Status quo etwas ändern. Nicht, weil sie böse sind, sie können nicht mehr.

Und zweitens kommt es anders, als man denkt

Kommt ein Mann zum Psychiater und sagt: „Herr Doktor, ich kann in die Zukunft blicken...." Der Arzt: „Und wann fing das an?"
„Nächsten Donnerstag..."

In der Pointe steckt Wahrheit, was es mit Prognosen über die Zukunft auf sich hat: Sie können eintreten oder nicht. Allenfalls sind Vorhersagen wahrscheinlich oder unwahrscheinlich. Wir wissen zwar, dass der Schuldenberg nie abgetragen werden kann und wir begreifen, dass die Vermögen nicht ins Unendliche wachsen. Wann der Kollaps kommt, ob es einen Tag der Abrechnung gibt oder Jahre den Untergang hinausziehen, das kann niemand vorhersehen.

Gucken Sie deshalb nicht zu lange in die Zukunft. Die Kaffeesatzleserei hat lediglich Angst zur Folge! Lassen Sie sich nicht das Leben verderben, weil eine große Krise wahrscheinlich ist. Gehen Sie lieber in die Natur, ins Kino, unternehmen Sie etwas mit Ihrem Partner, mit Ihrer Familie, essen Sie, ruhen Sie sich aus, lachen Sie, spielen Sie... Es wäre töricht, wenn Sie an ungelegten Eiern brüten.

Das bedeutet nicht, dass Sie den unausweichlichen Kollaps ausblenden. Das wäre leichtsinnig. Nehmen Sie gelassen das Welttheater zur Kenntnis, mehr nicht. Die bleibende Zeit nutzen Sie, um sich vorzubereiten, damit Sie sprichwörtlich einen Schirm haben, wenn es regnet.

Sollten Sie abwinken und glauben, dass Sie das nicht betrifft, weil Sie kein Geldvermögen auf der Bank haben und Ihnen nichts passieren kann, dann irren Sie. Natürlich werden Sie betroffen sein: Denken Sie an Ihre Rentenansprüche oder Ihren Arbeitsplatz. Sie sind Beamter und unkündbar? Der Staat ist versorgungspflichtig? Ja vielleicht, solange es den fetten Wohlfahrtsstaat gibt und der noch kann.

Es ist ungewiss, wie der Wandel angestoßen wird. Ein Fall von vielen kann das Kartenhaus zum Einsturz bringen: Staatsbankrot in Japan, Depression in China, Kollaps einer Großbank, oder... Im Volksmund ist die Redensart geläufig von dem Tropfen Wasser, der das Fass zum Überlaufen bringt. Ich halte davon wenig, denn was passiert mit dem Fass, wenn ein Tropfen zu viel fällt? Nichts. Allenfalls läuft ein kleiner Wasserstreifen am Rand herab, der verdunstest, bis er den Boden erreicht.

Ein anschaulicheres Modell als das überlaufende Fass gibt die Titration aus der Chemie. Mit der Methode wird die Konzentration einer Säure oder Base bestimmt. Beide Flüssigkeiten sind zu Beginn klar wie Wasser, optisch alles Friede-Freude-Eierkuchen. Dann wird die Säure langsam in die Base getröpfelt: Tropf, Tropf... Tropf... bis zu dem Punkt, wo die Farbe umschlägt zum Beispiel in ein kräftiges Violett. Den Farbwechsel löst eine winzige Menge aus. Und was bei der Titration der Tropfen ist, das ist im Finanzwesen das Geld: Milliarde, Milliarde... Milliarde... bis zum auslösenden Dominostein. Dieser könnte zum Beispiel der Kollaps der Deutschen Bank sein oder dem der UniCredit in Italien.

Wenn Umkehrpunkte erreicht sind, können diese nicht rückgängig gemacht werden. Denn das wäre so, als hätte man in der DDR die Mauer geöffnet und gesagt, dass sie nach zwei Tagen wieder geschlossen werde – unmöglich. Ein Kollaps einer Großbank wie der Deutschen würde Mauern einreißen wie bei einem Tsunami.

Wie das Spektakel geschehen wird, weiß keiner. Aber die Vergangenheit zeigt, wie Zeitenwenden ablaufen. In der Geschichte gibt es zwar nie etwas Neues, aber sie wiederholt sich oder besser gesagt, sie reimt sich. So hat es Blasen bei Schulden und Vermögen immer gegeben, die aktuellen sind allerdings einmalig groß und praller gefüllt als die Euter einer Hochleistungskuh.

Die naheliegenden Vergleiche liefert ausgerechnet die deutsche Geschichte:

- 1923 Hyperinflation
- 1929 Große Depression (Deflation)
- 1948 Währungsreform

Alle Zeitabschnitte enden mit dem Verfall der Vermögen und dem Löschen der Schulden. Viel schlimmer ist, dass die Ereignisse zwei Weltkriege einrahmen.

Wir werden in den nächsten Jahren wahrscheinlich von allem etwas Sehen: Hyperinflation, Depression, Chaos und regionalen Bürgerkrieg. Es bleibt zu hoffen, dass die Zeiten friedlich bleiben. Uns erwartet ein Verarmungsprozess, an dessen Ende vermutlich wieder eine Währungsreform kommen wird. Genießen Sie die Zeit bis zum Untergang, solange es geht.

Euphorisches Siechtum

So bezeichne ich die Jahre, in denen es den Meisten gut geht. Die Zeit erscheint wie die besten aller Jahre: Wohlstand, Wachstum, Freizeit, Innovation, Frieden. In dieser glücklichen Phase leben wir seit dem Wirtschaftswunder, sie beginnt nach dem Krieg und hält bis heute – kleinere Konjunkturdellen vernachlässige ich.

Wachsende Schuldenberge bewahren das Wohlfühlland seit dem Krisenjahr 2008 vor dem Absturz, so dass euphorisch weitergesiecht wird. Historische Parallelen gibt es zu den „Goldenen Zwanzigern" im vergangenen Jahrhundert. Wenn Sie an einer

Ostseepromenade schlendern, die Villen am Strand bestaunen, dann schauen Sie auf das Datum, wann die Residenzen gebaut wurden.

Die „goldenen" Jahre liegen zwischen der Hyperinflation und der Großen Depression. Typisch für die Jahre sind übrigens niedrige Zinsen wie heute. Die Kredite regnen vom Himmel, wenige sind misstrauisch, scheinbar werden alle reich: Staatsmänner, Geschäftsleute und Bürger nehmen gern den Schluck vom billigen Geld für Haushypotheken, Urlaubsreisen oder Leasing.

Im Jahr 2007 schütteln viele Deutsche den Kopf über die „dummen" Amerikaner, denn in der Immobilienblase kauft selbst der Busfahrer das Haus für 500 tausend Dollar - ohne Eigenkapital. 2015 machen die „schlauen" Deutschen den gleichen Blödsinn, weil die Zinsen niedrig sind.

Alle Gesellschaftsgruppen, vom Hilfsarbeiter bis zum Vorstandsvorsitzenden, sind von der Konsumseuche befallen, geht es darum, das Neueste und Modernste zu verwenden und herzuzeigen. Seit wann benutzen wir übrigens das Wort Innovation? Mir scheint es ein Dogma zu sein, immer innovativ sein zu müssen.

Das euphorische Siechtum bevorzugen Politiker und diejenigen, die vom Staat leben: Probleme können immer wieder mit neuen Schulden verdeckt werden. Oder ist Ihnen ein Bürgermeister begegnet, der die Kredite der Gemeinde zurückzahlen will? Und sollten Fehler passieren, wird die Schuld anderen angehängt zum Beispiel den Spekulanten.

Über die Zeit bläht der Wohlfahrtsstaat auf wie ein Krebsgeschwür. Die Deutschen mögen ihn, denn er kümmert sich um alle Risiken. Dieser Staat ist das reformierte Nachfolgemodell des gesunkenen Sozialismus; er konkurriert mit der Familie, dem Privateigentum, der privaten Initiative, der Selbstregulierung und dem individuellen Streben nach Unabhängigkeit.

Im Siechtum wird Ihr Geld schleichend weniger wert. Vielleicht kennen Sie eine ältere Person, die immer noch Euro-Beträge in D-Mark umrechnet und sagt, dass der Euro noch die Hälfte seiner anfänglichen Kaufkraft hat. Das ist richtig, möge Ihnen auch ein frisierter Preisindex anderes vorgaukeln. Gelddrucken löst keine Probleme, im Gegenteil, es wird nur mehr Benzin ins Feuer getröpfelt. Doch das Spiel kann länger dauern als gedacht, bis die Tage der Abrechnung unvermeidbar sind.

Genießen Sie die Zeit in der Wohlfühlblase, das leichte Leben, den Spaß, die Partys; aber vergessen Sie nicht, dass die euphorischen Tage auf ihr Ende zulaufen. Seien Sie aufmerksam, wenn die Börsen einbrechen oder Aufträgen in der Firma ausbleiben. Ein indianisches Sprichwort sagt: „Wenn du merkst, dass du ein totes Pferd reitest, steige ab." Leider ist es nicht leicht zu erkennen, wenn das Pferd tot ist. Die Nachrichten verkaufen Ihnen bis zum Schluss, dass der Gaul springt, oder dank Rettungspaketen von den Toten auferstanden ist.

„Hast du mal eine Million? Bitte..."

Wenn mehr Geld gedruckt wird, als Güter hergestellt werden, dann führt das zur Inflation. Wird das überschüssige Geld ausgegeben, schlägt sich das in höheren Preisen nieder; die Volkswirte sprechen von Teuerung. Das ist noch keine Hyperinflation. Diese bricht los, wenn die Verbraucher den Schwindel riechen und versuchen, ihre Baumwollzettel (Euroscheine) und Bits auf der Festplatte einer Bank (Girokonto) möglichst schnell auszugeben. Dadurch steigt die Umlaufgeschwindigkeit des Geldes, die Flucht aus dem Papiergeld in die Sachwerte führt zur Hyperinflation.

Beispiel: Anneliese erzählt von 1923: „Mein Mann Franz arbeitet im Sägewerk." Jeden Mittag gehen die Ehefrauen zur Fabrik und bringen das Mittagessen für die Arbeiter. Anders ist das, wenn die Schaffer den Lohn bekommen. „Wir Frauen warten am Gartenzaun der Fabrik, wenn Franz seine Lohntüte bekommt, dann rennt er an den Zaun und schiebt mir das Geld durch die Latten." Anneliese beschreibt, wie sie zur „Orschel" rennt, das ist im Dorf ein Tante-Emma-Laden, um Brot und Milch zu kaufen. Geschwindigkeit zählt, denn täglich steigen die Preise - „die Letzen könnten schon mehr bezahlen".

Deutschland häuft für den Ersten Weltkrieg einen Berg Schulden, der Staat dreht den Bürgern Kriegsanleihen an, die Reichsbank setzt die Bindung der Währung an das Gold außer Kraft. Anderenfalls hätte man den Krieg nicht bezahlen können, weil nach drei Monaten das Geld alle gewesen wäre. Das gilt übrigens auch für den Zweiten Weltkrieg.

Nach der Kriegsniederlage sitzt Deutschland auf den Schulden und hinzukommen die Reparationsforderungen; unmöglich, den Betrag zu zahlen. Deutschland geht den Weg, das Geld zu drucken und entwertet es dadurch Schritt für Schritt.

Fotos von 1923: Kinder stapeln Geldbündel zu meterhohen Pyramiden, die Eltern werfen sie in den Ofen als Ersatz für Brennholz, der Goldpreis beträgt auf dem Höhepunkt der Hyperinflation 86,81 Billionen Mark je Feinunze. Es kommt, wie es kommen muss: Die Währung bricht zusammen, eine Billion Mark wird durch eine Rentenmark ersetzt. Mit der Hyperinflation explodiert die Arbeitslosigkeit, Wirtschaft und Banken brechen zusammen, die Leute hungern und verarmen.

Diese Szenarien sind in der Welt nichts Neues. Wir erinnern uns in Deutschland an die Hyperinflation von 1923, Simbabwe implodiert 2008 oder 2016 trifft es Venezuela. Die gängige Definition besagt, dass eine Hyperinflation dann vorliegt, wenn die monatliche Teuerungsrate mindestens 50 Prozent beträgt.

„Gewinner" einer Hyperinflation ist der Schuldner, der „Dumme" ist der Gläubiger, weil der Schuldner mit wertlosem Geld „bezahlt". Aber das gilt nicht grundsätzlich, denken Sie beispielsweise an Lastenausgleichsgesetze. Diese treffen diejenigen hart, die glauben, durch Kredite erst vornehm zu leben und später davon zu kommen. Machen Sie nicht den Fehler, noch schnell ein Haus auf Kredit zu kaufen, weil die Zinsen niedrig sind und die Inflation das Rückzahlen leicht machen soll. Der Schuss geht nach hinten los. Wenn beispielsweise die Bank höhere Sicherheiten verlangt oder wenn der sichergeglaubte Arbeitsplatz wackelt, dann hängt der Kopf in der Schlinge.

Letzten Endes bricht die Schein-Geld-Welt zusammen. Von Voltaire sollen die Worte stammen:

„Papiergeld kehrt früher oder später zu seinem inneren Wert zurück – zu null."

Oder andersherum: „Hast du mal einen Cent? Bitte..."

Mit der Hyperinflation wird die Blase des billigen Geldes aufgeblasen bis sie platzt, in der Depression passiert das Gegenteil. Die Schulden- und Vermögensblase implodiert, sie bricht zusammen wie ein nasser Sack, mögen auch Jahre des euphorischen Siechtums die Hirne vernebeln. Wenn Sie keine Nachrichten hören oder sehen wollen, so bekommen Sie den Untergang trotzdem mit: Sie sehen das an den ratlosen Gesichtern der Leute.

Depressionen gibt es in der Wirtschaft ebenso immer wieder, die markanteste startet 1929. Binnen weniger Stunden verlieren Anleger ihr Vermögen, die

Kurse von Aktien und Anleihen rauschen in den Keller. Die Depression beendet die Orgie von Wachstum, Party und Konsum. Der Traum ist vorbei, durch permanenten Aufschwung wohlhabend zu werden. Vielleicht erinnern Sie sich an Fotos aus dieser Zeit, beispielsweise an den Mann mit dem Schild „Nehme jede Arbeit an" oder die verzweifelte Mutter mit ihrem weinenden Kind.

Reihenweise schließen Firmen, Banken stehen vor der Pleite, die Preise fallen und fallen, Händler versuchen verzweifelt, ihre Waren loszuwerden – keiner kauft. Die Immobilienpreise brechen ein ins Bodenlose und dies ist bedrohlich für diejenigen, die Hypotheken nicht bedienen können.

Die Stimmung ist schlecht: Angst, Verzweiflung und die Frage, wie das passieren konnte. Die Party ist vorbei. Die Gier verschwindet, sanftes und rücksichtsvolles Verhalten kommen wieder in Mode.

Die Große Depression 1929 beginnt in den USA am Schwarzen Donnerstag, den 24. Oktober Sie schwappt einen Tag später am Schwarzen Freitag über auf Europa. Das Auf und Ab der Kurse bis runter ins Tal zieht sich weltweit über zwei bis drei Jahre: Massenelend, Hunger und Not lassen die Menschen verzweifeln. 1933 wählten die Deutschen die Nationalsozialistische Partei mit Adolf Hitler.

Eine Depression belohnt niemanden, die Meisten erkennen, dass sich ihr „Reichtum" als Illusion entpuppt. Im Crash verlieren viele ihre Standbeine: Status, Einkommen, Vermögen, Posten...

Chaos bis hin zum Krieg

Die Depression oder die Hyperinflation vernichten brutal Schuldenberge und Illusionen aus dem Wohlstandskuckucksheim. Im einen Fall explodieren die Blasen, im anderen Fall implodieren sie. Die Phasen waren in der Geschichte von fürchterlichen Kriegen eingerahmt.

Meiner Meinung nach ist die Gefahr für einen dritten Weltkrieg real; ich wäre fahrlässig, das nicht zu erwähnen, vertiefen will ich es jedoch nicht: Betrachten Sie beispielsweise die Spannungen im Mittleren Osten, den Konflikt zwischen den USA zu Russland und China... oder... Die Theater lenken ab, und zwar vom eigentlichen Kern: der wertlose Dollar – und damit der wertlosere Euro. Aber ich will den Teufel nicht an die Wand malen, einen Atomkrieg würden wir nicht überleben. Dass dadurch die Vermögen und die Schulden weg wären, würde danach keinen interessieren.

Sie wissen, warum sich die Schere zwischen Arm und Reich weiter öffnet. Doch irgendwann ist Schluss. Schauen Sie in die südeuropäischen Länder. Es ist eine Frage der Zeit, bis die gleichen Verhältnisse in Deutschland ankommen.

Das Vertrauen gegenüber der Politik schwindet und letztlich wird sich der Konflikt durch Verweigerung und Gewalt entladen. Immer mehr Menschen fragen, warum und für wen sie schuften. Die Wut wird sich möglicherweise in einem regionalen Bürgerkrieg entladen; so prognostiziert der Geheimdienst in Deutschland innere Unruhen.

Mit der Flüchtlingskrise wandern zwei bis drei Millionen Leute ein – überwiegend junge Männer. Die einen sagen mit Blick auf unsere Kultur und Sozialkassen „wir schaffen das", die anderen „wir schaffen das nicht" oder „wir wollen das nicht". So oder so verschärfen sich die Verteilungskämpfe. Ich schreibe diesen Text im Juli 2016 wissend, dass die Tatsachen im Juli 2017 anders sein werden.

Gibt es eine andere Alternative? Vielleicht. Stellen Sie sich vor, Bürger würden sich verweigern: Klammern Sie alle Staatsbediensteten aus, denn diese bezahlen unter dem Strich keine Steuern, weil sie aus

Steuermitteln vergütet werden. Malen Sie sich aus, alle Nettosteuerzahler (das sind schätzungsweise 10 bis 15 Millionen Arbeitnehmer) streiken acht Wochen und zahlen zwei Monate keine Steuern, der Staat bekäme dadurch keinen Kredit, weil das Rating in den Boden rauscht... Deutschland wäre in zwei Monaten bankrott. Das heißt kein Geld für Hartz IV, Bafög, Kindergeld, Rentenzuschuss, Pensionen, keine Gehälter in den Staatsbetrieben....

Dieses Szenario ist ein Zahlenspiel, Theorie, aber nicht unmöglich. In der Geschichte gelang es jedoch, die Bürger mit den Medien so zu manipulieren, dass sie überzeugt in den Krieg zogen oder sich für die vermeintlich gute Sache einsetzten. Warum sollte es heute anders sein?

In fünfzig Jahren ist alles vorbei!

„Denk' stets, wenn etwas dir nicht gefällt:
Es währt nichts ewig auf dieser Welt.
Der kleinste Ärger, die größte Qual
Sind nicht von Dauer, sie enden mal.
Drum sei dein Trost, was immer es sei:
In fünfzig Jahren ist alles vorbei."

Gedicht von Otto Reutter (1870-1950)

Wir erleben das Ende eines großen Zeitalters. Die Welt ist 2016 ein Minenfeld von politischen und ökonomischen Risiken und wenn nur eine Mine hochgeht, kann es einen globalen Dominoeffekt geben. Dann werden die Vermögen zerschmelzen, wie es die Welt noch nie gesehen hat.

Ob das passiert, oder nicht, ist keine Frage, sondern nur wann und wie. Sie können einwenden, das erzähle man seit 2008 und es ist seither nichts passiert. Das erinnert mich an die Anekdote von den zwei Anlageberatern Horst und Alfred, die aus dem dreißigsten

Stock eines Hochhauses springen. Im zehnten Stock ruft Horst: „Alfi! Großartig, bis jetzt ist alles gut gegangen!" 2010 sagt der damalige Allianz Finanzvorstand Achleitner und heutiger Vorstand der Deutschen Bank auf dem Weltwirtschaftsforum:

„Es wird eine neue Zeitrechnung geben – wenn auch nicht kalendarisch. Aber enorme Kräfte wirken auf die Welt ein, deren Bedeutung wir gar nicht genug überschätzen können."

Als wichtigsten Punkt nennt Achleitner das Ende des Lebens auf Pump. William White, der frühere Chefvolkswirt der Bank für Internationalen Zahlungsausgleich, auf dem Weltwirtschaftsforum 2015:

„Die Situation ist schlimmer als 2007... Die Schulden sind in den vergangenen acht Jahren weiter gestiegen und haben solche Höhen in allen Teilen der Welt erreicht, dass diese zu Verwerfungen führen kann. In der nächsten Rezession wird offensichtlich werden, dass diese Schulden niemals mehr bedient oder zurückgezahlt werden können. Das wird sehr unangenehm für viele Menschen, die jetzt glauben, sie halten Assets, die etwas wert sind."

Wie auch immer die Lösung aussehen wird, es weiß keiner. Vielleicht gibt es wieder eine Währungsreform wie 1948: Jeder bekommt 40 neue D-Mark und die Party beginnt von vorn. Ich glaube nicht, dass es so einfach sein wird. Da wären beispielsweise Prognosen, die den Zusammenbruch der kompletten westlichen Welt inklusive der USA bis 2025 vorhersehen.

Machen können Sie nichts. Der Zug ist abgefahren. Geben Sie sich nicht der Illusion hin, noch etwas retten zu wollen. Der Versuch wäre so, als wollten Sie die Titanic in Sicherheit bringen, nachdem das Wasser die unteren Decks gefüllt hat. Sehen Sie es, wie es ist:

Sie werden in den nächsten Jahren ein Schauspiel erleben, dass Sie nur einmal im Leben erfahren! Lassen Sie uns alles tun, dass der Abschied vom Wohlfahrtsstaat friedlich ablaufen wird.

Kompakt

- Wundern Sie sich nicht, dass die Schere zwischen Arm und Reich auseinandergeht bis zum Zusammenbruch.
- Sie können nicht vorhersagen, wann und wie sich die Spannungen auflösen werden.
- Lernen Sie von der Geschichte, insbesondere der deutschen im letzten Jahrhundert. Geschichte wiederholt sich zwar nicht, aber sie reimt sich.
- Sie sehen vermutlich in den nächsten Jahren von allem etwas: Depression, Hyperinflation und Chaos.
- Kriege sind nicht ausgeschlossen.
- Genießen Sie die Zeit im euphorischen Siechtum solange es geht.
- Hüten Sie sich, Kollegen und Nachbarn aufzuklären: erstens funktioniert das nicht, zweitens könnte man Ihnen das Übel nehmen.
- Menschen dürsten nach Wahrheit, aber keiner will sie hören.
- Das Ende des Zusammenbruchs erkennen Sie, wenn Schulden und Vermögen auf null gehen. Wahrscheinlich wird es für den Neustart eine neue Währung geben.
- Bleiben Sie heiter und denken Sie an den Text von Otto Reutter: „In fünfzig Jahren ist alles vorbei".

Sie könnten entgegnen, im Allgemeinen nichts Neues. Doch, was genau geht Sie an?

Teil II

Die Ent-Täuschung

Eine Ent-Täuschung bedeutet:
Die Täuschung ist aufgehoben.

4 Am Ende sind alle nackt

Wie Sie unangenehme Wahrheiten verarbeiten

> *„Nie haben die Massen nach Wahrheit gedürstet. Von den Tatsachen, die ihnen missfallen, wenden sie sich ab und ziehen es vor, den Irrtum zu vergöttern, wenn er sie zu verführen vermag. Wer sie zu täuschen versteht, wird leicht ihr Herr, wer sie aufzuklären sucht, stets ihr Opfer."*

> Gustave Le Bon (1841-1931), französischer Arzt und Psychologe.

Achtmal veranstaltete die DDR das Turn- und Sportfest. Das Letzte war 1987 in Leipzig. Tausende Sportler fluten die Stadt, sie tragen spezielle Kleidung, schlafen wochenlang in Hotels, Herbergen, Schulen, Turn- und Messehallen. Zum Abschluss präsentieren 35.000 Sportler eine dreistündige Schau, die in Funk und Fernsehen um die Welt geht.

Straßenrestaurants sorgen für Essen, lediglich Bier und Wein bezahlen die Teilnehmer. Das Fest kostet ein Vermögen: Tausende Spieler haben sechs Wochen bezahlten Sportlerurlaub zuzüglich Kleidung, Transfer und Vollpension.

Begegnung: Joachim Träger erzählt: „Wir sitzen im Biergarten, unser Stabführer Krannich behauptet, das sei das letzte Turnfest, dass die DDR erlebt. Es wird nie wieder ein Sportfest geben - die DDR ist bankrott. Pleite!" Stille. Ratlose Gesichter.

Harte Töne über ein Land, das sich 1987 auf dem zehnten Platz der stärksten Industriestaaten wähnt.

Gelegentlich besuchen Vertreter der Partei- und Staatsführung das Volk, um mit Bürgern zu reden. So taucht Horst Sindermann (Ministerpräsent und Chef der Volkskammer) zwischen den Biertischen auf. Träger beschließt, den Präsident zu fragen, ob die DDR das Fest bezahlen kann.

Er wühlt sich durch die Menschenmenge, vorbei an den Bodyguards und fragt: „Herr Sindermann, können wir uns das Sportfest leisten? Das ist doch wahnsinnig teuer?" Der Präsident nickt und antwortet: „Da ist gut, wenn Sie sich kritische Fragen stellen, aber Sie müssen sich keine Sorgen machen. Die DDR ist sehr stark." Er spricht zwei drei Sätze, dass die Bürger mit Stolz auf das Erreichte blicken und dies soll gefeiert werden.

Joachim Träger gibt die Worte an seine Freunde weiter; Thomas Krannich schweigt und schüttelt den Kopf.

Es dauert zwei Jahre, bis die DDR 1989 zusammenbricht. Sindermanns Boss, Staatschef Honecker, verkündet noch Anfang 1989, dass die Mauer hundert Jahre stehen werde. Zehn Monate später ist sie weg.

Obrigkeiten reden sich unhaltbare Situationen lange Zeit schön. Wenn es zum Umbruch kommt, dann passiert es unerwartet und schnell. Oder kennen Sie jemand (ob Ost- oder Westdeutscher), der 1988 geglaubt hat, dass 1989 die Mauer fällt?

Die Kapelle spielt bis zum Untergang

Staaten verschwinden nicht von heute auf morgen, Zusammenbrüche können sich lange ziehen, sie haben eine jahrzehntelange Vorgeschichte. Der Untergang der Titanic ist ein dramatischer Unfall, aber die Katastrophe gibt einen anschaulichen Vergleich über die Phasen des Zerfalls.

Die Titanic wird am 2. April 1912 in Dienst gestellt. Das größte Schiff der Welt strotzt vor Luxus, sie ist ein Wunderwerk der Technik, im Punkt Sicherheit übertrifft das Luxusschiff die modernsten Sicherheitsstandards, zum Beispiel verhindern bei einem Wassereinbruch 15 quer verschließbare Schotten, dass das Schiff untergeht. Eine Fachzeitschrift schreibt: Die Titanic ist praktisch unsinkbar.

Am 14. April 1912 geht sie mit 2.200 Leuten auf Jungfernfahrt. Trotz mehrerer Eisbergwarnungen behält der Kapitän den Kurs. Arroganz? Größenwahn? Hörigkeit gegenüber dem Reeder, der eine schnelle Überfahrt wünscht? In der Nacht rammt die Titanic einen Eisberg, die Schiffswand reißt, es vergehen zweieinhalb Stunden bis der Kahn sinkt.

Was wirklich geschieht, begreifen an Bord die Wenigsten: Auf einem unsinkbaren Schiff kann nichts passieren, so die Überzeugung der Passagiere. Nach einer Stunde Wassereinbruch neigt sich der Bug um fünf Grad, noch immer ist Zuversicht, die Mannschaft wird das in den Griff bekommen.

Bekanntlich reichen die Rettungsboote nicht für alle. Und wenn ein Boot ins Wasser gelassen wird, dann ist es zur Hälfte besetzt. Passagiere wähnen sich bis zum Schluss in dem Irrglauben, es sei eine Übung. Wozu sich auf den kalten Ozean herablassen? Eine Stunde später schlägt der Hochmut in Angst und Panik um, 751 Fahrgäste können sich retten, der Rest ertrinkt.

Vergleiche ich unser Land mit der Geschichte der Titanic, dann sage ich: Die Ordnung hat leckgeschlagen, die Schulden (das Wasser) können nicht mehr abgepumpt werden. Wir Passagiere taumeln im euphorischen Siechtum und wiegen uns in Sicherheit (genug Rettungsboote), dass nichts passieren kann (ein Staat kann nicht Pleite gehen). Zur Erheiterung Ihres Gemütes: Wir haben mehr als zwei Stunden Zeit und niemand wird ertrinken.

Wir sind auf Fahrt

Der Philosoph Peter Sloterdijk schreibt:

„Die größte Gefahr für die Zukunft des Systems geht gegenwärtig von der Schuldenpolitik der keynesianisch vergifteten Staaten aus. Sie steuert so diskret wie unvermeidlich auf eine Situation zu, in der die Schuldner ihre Gläubiger wieder einmal enteignen werden - wie schon so oft in der Geschichte der Schröpfungen, von den Tagen der Pharaonen bis zu den Währungsreformen des zwanzigsten Jahrhunderts ... Ob Abschreibung, ob Insolvenz, ob Währungsreform, ob Inflation - die nächsten Großenteignungen sind unterwegs. Schon jetzt ist klar, unter welchem Arbeitstitel das Drehbuch der Zukunft steht: die Ausplünderung der Zukunft durch die Gegenwart.“

Das Zitat stammt aus dem Jahr 2009. Dass unsere Gesellschaft defekt ist, fällt Ihnen durch neuartige Begriffe auf: Systemisches Risiko, too big to fail, Bailout, Bad bank, Troika, Rettungspaket, Bargeldabschaffung, Einlagensicherung, Bargeldobergrenze, Bargeldverbot, negative Zinsen, Helikoptergeld... Die Signale zeigen, das Falschgeldsystem steuert auf das Ende zu. Dadurch ist auch Ihr Geld betroffen, egal wie viel Sie besitzen.

Auf der Titanic laufen die Pumpen bis zur letzten Minute, die meisten Heizer bleiben bis drei Minuten vor Untergang am Ofen, damit die Generatoren Strom erzeugen. Der Mut der Verzweiflung treibt an. Aber die Eliten, die Wissenden, verdrängen die Realität bis zum Schluss. Gehen Sie davon aus, dass sich nichts geändert hat.

Beispiel: 1989 übernimmt Egon Krenz in der DDR den Posten des Staatschefs, Honecker tritt ab. Zuerst fordert Krenz von der Plankommission eine Analyse über die volkswirtschaftliche Situation der DDR.

Gerhard Schürer liefert einen seitenlangen Bericht und schließt mit den Worten: "Allein ein Stoppen der Verschuldung würde im Jahre 1990 eine Senkung des Lebensstandards um 25 bis 30 Prozent erfordern und die DDR unregierbar machen." Um der Pleite und dem Internationalem Währungsfonds zu entkommen rät Schürer, "mit der Regierung der BRD über Finanzkredite in Höhe von zwei bis drei Milliarden Valuta-Mark [entspricht D-Mark] über bisherige Kreditlinien hinaus zu verhandeln."

In den Geschichtsbüchern steht, die DDR kollabiert durch eine friedliche Revolution. Seit wann sind Revolutionen friedlich? Oder glauben Sie das Märchen, Honecker & Co treten zurück, weil Hunderttausend auf die Straße gehen? Die DDR ist 1987 bankrott, das Land bricht zusammen samt Regierung.

Eine Ent-Täuschung bedeutet, eine Täuschung wird aufgehoben. Man sieht danach klarer. Der Abgang des Wohlfahrtstaates wird den Bürgern eine Kette von Ent-Täuschungen bereiten. Aber seien Sie sicher, dass an überdehnten Zuständen festgehalten wird, bis es nicht mehr geht.

Die Zeitenwende bringt nicht nur den Verlust von Spareinlagen, sondern die „Vertreibung" aus sichergeglaubten Arbeitsplätzen. Dies kann zu einer schmerzhaften Erfahrung führen.

Beispiel Geldumtausch: Im Juli 1990 tauschen DDR-Bürger Sparguthaben um von Mark der DDR in D-Mark der BRD.

Susanne Weiß erzählt von diesem Tag: „Mein Vater und ich warten vor dem Fernseher auf die Themen des Tages. Papa ist Direktor eines Kombinates, er ist Chef von 1.200 Leuten." Die Tochter beschreibt ihren Vater als sehr direkt, manchmal laut, aber im Grunde sei er sensibel.

Die Nachrichten verkünden: eins zu eins - Ostgeld in Westgeld! Jubelnde Ossis, die ab sofort mit D-Mark Westwaren kaufen können. Anders Manfred Weiß, Susanne erzählt: „So hatte ich ihn noch nie erlebt! Er springt aus dem Sessel, als hätte er eine glühende Nadel in den A... bekommen. Vater schreit! Er brüllt die Fenster an, er plärrt in die Schrankwand: „Ich kann die Firma dicht machen! Die werden alle auf die Straße fliegen."

Weiß rechnet vor: Ein Kubikmeter Schnittholz kostet auf dem Weltmarkt 200 D-Mark, das Kombinat erhält 800 Ost-Mark. Wenn Löhne, Strom, Transportkosten eins zu eins getauscht werden, dann verkraftet die Firma das in der Geschwindigkeit nie. Er sagt ruhig: „Zwischen Rostock und Dresden arbeitet bald kein Betrieb mehr."

Drei Monate später klingelt es Sturm an der Tür: „Herr Weiß, Sie dürfen meine Frau nicht entlassen! Ich habe vorgestern die Kündigung bekommen: Wovon sollen wir leben, wenn keiner Arbeit hat?"

Viele Ostdeutsche erwischt der Wandel unerwartet. Allerdings halten die westdeutschen Sozialsysteme die Leute, die meisten raffen sich auf und beginnen von vorn. Ich befürchte, dass es im Abgang des Wohlfahrtstaates keine Haltenetze geben wird.

Sie könnten einwenden, der Text bringt Beispiele aus vergangenen Zeiten, dem untergehenden Luxusschiff, den Weltkriegen und der maroden DDR.

Das könne man nicht mit der Wirtschaftsmacht Deutschland im Jahre 2016 vergleichen. Tatsächlich leben wir in einem der besten Länder der Welt.

Was ist mit dem Leben auf Pump? Überlegen Sie, welche Produkte ihren Absatz finden, weil andere sich verschulden: Fabriken, Maschinen, Autos, Immobilien... In der Finanzkrise 2008 schlüpft zum Beispiel als erste die VW-Bank unter den Rettungsschirm Soffin, sie erhält Garantien für zwei Milliarden Euro, damit das Leasinggeschäft nicht kollabiert. Weitere Auto-Banken kriechen hinterher. Oder schauen Sie sich in Europa um: Wie viele Billionen fließen in die „Rettung" maroder Geldhäuser? Oder Staaten?

Das ist der Blick aus dem Flugzeug, doch blicken Sie aus dem Fenster: Wenn Sie das neueste Auto Ihres Nachbarn sehen, dann sehen Sie eine fahrende Leasingrate. Und selbst der Handyvertrag des Nachbarkindes ist ein Kreditgeschäft, oder glauben Sie, das Smartphone kostet in der Herstellung nur ein Euro? Wenn das Leben auf Pump sein Ende findet, wird über das Land eine Pleitewelle ungeahnten Ausmaßes fegen.

„Ja, ja"

„Ein neuer Gedanke wird zuerst verlacht, dann bekämpft, bis er nach längerer Zeit als selbstverständlich gilt." Arthur Schopenhauer (1788-1860)

Menschen wollen düstere Prognosen nicht hören. Das ist gut, denn negative Botschaften verderben den Tag. Besonders brisant sind Themen, welche die eigene Person betreffen. Wenn Sie auf den brüchigen Wohlfahrtsstaat aufmerksam machen, stoßen Sie auf Ablehnung, man bezeichnet Sie als Spinner und Schwarzmaler, selbst wenn die Fakten Recht geben.

Sie sind wahrscheinlich in der Minderheit. Deshalb: Schweigen Sie. Behalten Sie Ihre Meinung für sich. Denken Sie sich ihren Teil, lächeln Sie, doch argumentieren Sie nicht, denn Ihr Gegenüber könnte Ihnen dies verübeln. Schon gar nicht können Sie jemanden überzeugen, der für seine Anschauung vom Staat bezahlt wird und unkündbar ist.

Die Realität wird ignoriert und schöngeredet. Das ist normal und hat vier Gründe:

Erstens – der Irrglaube.
Es ist bequem, an ein herrschendes Paradigma zu glauben. Solange Menschen denken, dass die Welt eine Scheibe ist, solange ist die Welt eine Scheibe. Beweise? Gehen Sie vor die Tür und blicken Sie nach rechts, nach links, nach vorn und hinten. Sehen Sie eine Kugel? Ich nicht. Und wenn die Mehrheit überzeugt ist, dass eine Zentralbank sinnvoll ist und das Beste will, solange handelt die Zentralbank richtig.

Zweitens – die Verdrängung
Lügen sind praktisch, um die Realität nicht wahrhaben zu wollen. Die Nachrichten liefern stündlich Informationen, die eine heile Welt vormachen. Schlimme Sachen gibt es, aber wenn, dann bitte bei anderen.

Beispiel: Sie können sich im Internet ein Video „Deutsche Wochenschau" von 1940 ansehen. Die Wenigsten denken, Deutschland wird den Zweiten Weltkrieg verlieren. Schließlich gilt die Wehrmacht als die gefährlichste Armee der Welt – unschlagbar.

Oder sehen Sie eine „Aktuelle Kamera" von 1987, das sind die Nachrichten der ehemaligen DDR. Nach der Sendung glauben Sie nicht, dass dieses Land zwei Jahre später bankrott ist.

Sie können dagegenhalten, das ist nicht vergleichbar. Schließlich gewährt das Grundgesetz im Artikel 5 die Presse- und Meinungsfreiheit. Pressefreiheit ja, das stimmt, doch haben wir eine freie Presse? Die Medien sind ein Instrument der Manipulation, und zwar im Interesse ihrer Eigentümer.

Journalisten wissen, dass sie den Text schreiben (dürfen), für den sie bezahlt werden. Wenige Leute entscheiden, welche Informationen Sie bekommen (sollen) und welche nicht. Sie sind im höchsten Maße manipuliert, und zwar durch die Nachrichtenauswahl – im Kapitel zwölf gehe ich tiefer darauf ein.

Drittens – die unbewusste Identifikation

Das passiert Leuten, die sich mit unserer Ordnung so stark identifizieren, dass ihnen kritisches Betrachten schwerfällt. In deren Augen sind Sie ein Pessimist oder Verschwörungstheoretiker. Mein Tipp: Gehen Sie diesen Menschen aus dem Weg. Bedauern Sie, denn die Bürger verstehen nicht, dass sie auf der Titanic sitzen.

Viertens – die Obrigkeitshörigkeit

Den Deutschen wird ein unerschütterlicher Glaube an die Obrigkeit nachgesagt. Sie bevorzugen den starken Staat, sie mögen den Leiter, den Chef, den Vorgesetzten, den Führer, der sagt, was richtig und falsch ist. Freiheit? Selber denken? Ich nehme an, dass vielen Schutz von oben lieber ist. Stellen Sie sich vor, Sie würden in eine Firma oder Behörde kommen und erfahren, dass die Führungsmannschaft weg ist. Die Mitarbeiter wirken hilflos, dann fällt die erste Frage: Wer ist der neue Boss?

Im Epochenwandel werden die Eliten komplett getauscht. Schließlich haben die Anführer die Bürger sprichwörtlich in die Wüste geführt. Ob diejenigen besser sind, die folgen, ist eine andere Frage.

Mein Tipp: Sagen Sie „Ja" zu den Dingen, die geschehen und die Sie nicht ändern können. Beispielsweise ist der Schuldenhaufen einmal da. Wenn Sie „Nein" verkünden oder „um Himmels willen" rufen, ist nichts ungeschehen.

Sollten Sie nicht das Ruder rumreißen?

Vermutlich liegt Ihnen etwas an unserem Land, viele Leute kümmern sich um Kinder und Familie, sie gehen arbeiten... Soll die Republik den Bach runtergehen? Wollten Sie das nicht verhindern?

Ja, sofern das möglich wäre. Aber der Karren ist so weit im Dreck, dass nur ein Neubeginn funktioniert. Der ist nicht mehr abzuwenden. Verschwenden Sie keine Zeit, zu analysieren und zu diskutieren.

Wir sind leider Problemdenker: Sorgen geben Sicherheit, man ist wer, man kann mitreden und hinterher sagen, dass man es schon immer gewusst hat. Aber was passiert? Nichts. Man erzeugt Angst – das ist alles. Hätten Sie als einzelner eine Chance, das Finanz – und Geldsystem zu reformieren? Wohl nicht. Politiker haben ebenso keine Möglichkeit, das Ruder umzureißen.

Dennoch versuchen Verantwortliche, das sinkende Schiff vor dem Untergang zu bewahren. Lassen Sie sich nicht beeindrucken, es ist blinder Aktionismus; blicken Sie gelassen zur Seite.

Beispiel: Im August 1989 besetzen DDR-Bürger in Prag die Botschaft der BRD, sie wollen raus. Die DDR-Regierung muss einlenken und gestattet die Ausreise.

Die senile Staatsführung um Honecker fordert, die Züge über das Territorium der DDR fahren zu lassen, anstatt den direkten Weg von Prag in die BRD zu nehmen. Honecker und Co. wollen ihr Gesicht waren,

wo sie keines haben. Die Züge passieren den Dresd-
ner Hauptbahnhof und es ist klar, dass an der Eng-
stelle andere Ausreisewillige aufspringen wollen.

Ich studiere 1989 an der Technischen Universität
und gehe zum Hauptbahnhof. Der Rektor droht, dass
ein Student von der Uni fliegt, wenn er von der Poli-
zei gegriffen wird; jedoch führt mein Weg zum Buch-
laden „zufällig" durch den Hauptbahnhof.

Vor Ort: Menschenmassen, Absperrungen, keine
Polizisten mit Schlagstöcken und Schutzhelmen…
Offiziersschüler bilden Ketten, Studenten Anfang
zwanzig, Milchbübchen in Filzhosenuniform mit
Stoffkäppi und Ledergürtel, unbewaffnet. So senil
war Honecker, um in seinen letzten Zügen die
„Macht" zu zeigen. Lachhaft. Ich gehe den Sperrket-
ten entlang und sehe in die Augen der Offiziersschü-
ler. Sie zittern und haben mehr Angst vor den Bür-
gern als diese vor ihnen.

Sie können den Untergang des Wohlfahrtsstaates
nicht verhindern. Sie sollten verzichten, ein Held sein
zu wollen wie die Heizer auf der Titanic. Für was oder
für wen?

Sagen Sie sich, die Zeitenwende erleben Sie nur
einmal. Sie bekommen großes Kino geboten! Aber
benutzen Sie Ihre Augen zum Sehen, damit Sie diese
nicht zum Weinen brauchen.

Angst

Die Furcht Nummer eins ist heute, politisch nicht
korrekt zu sein (englisch political correctness): Die
eigenen Worte könnten ausdrücken, was andere Menschen missfällt. Dieser selbstaufgelegte Maulkorb ist
eine Volksseuche! Mich erinnert das an die DDR mit
dem Unterschied, dass man dort wusste, wen man
nicht ärgern darf.

Angst manipuliert Menschen und macht sie gefügig. Ist es nicht Absicht, Konsumenten nutzlos Beklemmungen einzureden? Furcht vor Klimawandel, Erderwärmung, Atomkraft, Vogelgrippe, Dioxin in Eiern, Pferdefleisch in Konserven... Hauptsache Sie kaufen, was Sie schützen soll. Sie könnten den Tag damit verbringen, besorgt zu sein. Aber Angst lähmt, sie macht dumm, sie erzeugt Hilflosigkeit.

Furcht existiert nur in den eigenen Vorstellungen. Sie haben es in der Hand zu entscheiden, ob Sie sich gruseln. Nehmen Sie unangenehmen Tatsachen nüchtern zur Kenntnis. Manchmal hilft die Frage: Was kann im schlimmsten Fall passieren? Fast immer nichts.

Ihre Energie würden Sie verschwenden, wenn Sie sich ärgern. Was bewirkt das? Was hätten Sie davon? Entweder Sie stehen auf und tun etwas oder Sie machen nichts. Und wenn Sie nichts tun, dann brauchen Sie sich nicht aufregen, denn Ärger wäre die Delegation der Problemlösung an die Eingeweide. Sie entscheiden, ob Sie sich über schlechte Informationen erbosen oder nicht.

Die Perspektive fehlt

Ein Teil der Bevölkerung ignoriert Tatsachen, viele sind demoralisiert. Was tun?

Männer und Frauen packen deshalb nicht an, weil keine schlüssige Aussicht vorliegt.

Menschen handeln erst, wenn sie ein klares Bild haben, was sie erledigen sollen. Fehlt das Bild oder ist die Idee vage, dann tun Menschen nichts. Außerdem fehlt der Anführer oder die Anführerin. Buchautor und Meisterpsychologe Dostojewski schrieb treffend in der Geschichte „Der Großinquisitor":

„Es gibt für den Menschen, sofern er frei geblieben ist, keine dauerndere, quälendere Sorge, als möglichst rasch jemanden zu finden, den er anbeten kann."

Die Obrigkeitshörigkeit können Sie täglich in Firmen aller Art beobachten. So braucht ein Unternehmen permanent neue Mitarbeiter, die gehorchen, aufblicken und ausführen, was ihnen befohlen wird. Die Aussicht, im Namen der Firma selbst kommandieren zu dürfen, hält Arbeitssklaven auf Trab. Sie können kommentieren, es gäbe nichts Schlimmeres als glückliche Sklaven, aber so ist die Welt.

Belehren Sie keine Menschen, denn Sie würden sich und Ihren Nächsten nichts Gutes tun, bestenfalls hielte man Sie für einen Idioten.

Annahme: Was wäre, wenn Sie durch Istanbul laufen, um die Leute vor dem Erdbeben zu warnen. Mit großer Wahrscheinlichkeit wird in den nächsten Jahren ein großes Beben die Stadt erschüttern. Die Spannungen an der Marmara-Sektion legen nahe, dass ein Starkbeben zehntausend Tote fordern würde. Vermutlich wissen das alle Einwohner.
Sie werden die Katastrophe nicht verhindern, aber Sie können sich als Istanbuler kümmern, in einem erdbebensicheren Haus zu wohnen, einen Notvorrat Wasser unter das Bett zu legen, die Trillerpfeife griffbereit zu halten... Mehr geht nicht, wenn Sie am Bosporus wohnen. Die Gefahr sollte Sie nicht hindern, das Leben zu genießen, wie es ist.

Wenn der Wahnsinn an der Tür klopft

Mehrere Menschen schockiert der Untergang des Wohlfahrtsstaates, egal ob er auf einmal kommt oder in Scheibchen. Das vertraute Lebensmodell wird in

Frage gestellt: Karriere, die Erfolge im Beruf, der soziale Aufstieg, das Vermögen, die Versicherungen... Vieles entpuppt sich als Illusion, die Ent-Täuschung(en) verkraften viele nicht und werden wahnsinnig.

Das betrifft nicht nur die Personen, die heute von der Wohlfahrt leben, sondern der Niedergang stürzt Leute, welche die soziale Nuckel-Flasche halten.

Beispiel: Bernd Hoffmann erzählt von seinen Eltern, die Rentner wohnen neben einer Großfamilie: Acht Personen beziehen Einkommen durch Hartz IV und tun den ganzen Tag nichts.

Der alte Herr Hoffmann meint, die Leute sollen arbeiten, es gebe im Dorf genug zu pflegen. Bernd hält dagegen, die wahren Arbeitslosen sind die Verwalter der Armut, jene sitzen auf dem Amt, prüfen Formulare, errechnen Bedarfe, genehmigen Hilfen und verteilen Steuergeld um. Bernd tippt, dass Amtsinhaber eher vom Wahnsinn getroffen werden, wenn ihre Existenzberechtigung verschwindet.

Verrückt wird Jemand nicht, weil ein Lebensmodell zerbricht, sondern die Perspektive fehlt. Keiner kann zeigen, wo es langgehen könnte. Die Leere gehört zur Übergangszeit, bevor eine neue Ordnung entstehen kann, muss die alte weg. Seien Sie dankbar, dass unhaltbare Zustände verschwinden.

Leider ist nicht jede Person mental in der Lage, die Chancen zu nutzen. Ist es nicht selbstsüchtig, anderen keine Hilfe zu geben? In gewisser Weise ja, jedoch können Sie nicht allen helfen. Bedenken Sie, im Epochenwandel wird jeder mit sich selbst beschäftigt sein. Sagen Sie: Wenn jeder sich um sich kümmert, dann ist für alle gesorgt.

Sehen Sie es, wie Arthur Schopenhauer in seinen Aphorismen zur Lebensweisheit schreibt:

„Viel weniger irrt, wer mit zu finsterem Blicke diese Welt als eine Art Hölle ansieht und demnach nur darauf bedacht ist, sich in derselben eine feuerfeste Stube zu bauen."

Diese skeptische Weltsicht mag Medizin sein, sich vor dem Wahnsinn zu schützen. Erwarten Sie nicht, dass irgendwer vom Staate kommt und hilft. Warum sollte er dazu fähig sein? Auch wenn Sie die Welt nicht bessern werden, Sie können sich selbst verändern. Das ist schwer genug.

Neustart

Zusammenbrüche sind kein Anlass für Fatalismus, es hat etwas Gutes, wenn das Alte geht. Dadurch ergeben sich Möglichkeiten, Neues zu bauen. Blicken Sie in die Welt: Island kommt gewandelt aus der Krise 2008 oder sehen Sie Neuseeland, das einen Umbruch hinter sich hat: Tarifkartell abgeschafft, Beamtenrecht reformiert, landwirtschaftliche Subventionen gestrichen, Arbeitsrecht liberalisiert und mehr. Plötzlich werden Dinge erneuert, die vorher als unveränderbar galten. Was gestern wichtig war, muss heute nicht mehr nötig sein. Das wäre der Blick in die Welt. Und Sie persönlich?

Sicherlich hatten Sie in Ihrem Leben Veränderungen, die prägend sind. Das könnte die Geburt eines Kindes sein, oder ein neuer Job, der Umzug in eine andere Stadt... Hören Sie in sich hinein und fragen Sie zu jedem Punkt: Habe ich agiert? Oder wurde ich agiert? Das eine ist Selbst-, das andere Fremdbestimmung.

Ich empfehle Ihnen, das Ruder in der Hand zu behalten. Veränderungen sind unumgänglich, sie tun gut, auch wenn ein Schmerz kurz anhält.

Der geht vorbei. Sie sollten versuchen, nicht zulange alte Zustände zu betrauern.

Wenn Sie nicht genau wissen, was Sie tun wollen; wenn Ihre Vorstellungen unscharf sind, dann gehen Sie robuste erste Schritte. Das sind Gänge in die Richtung, von der Sie glauben, dass der Kurs richtig ist. Wenn Sie loslaufen und an einer Stelle merken, dass sie korrigieren müssen, dann tun Sie es. Entscheidend ist, dass Sie starten, anstatt daheim zu hocken. Sagen Sie sich: „Selbst wenn die Lage schlimm ist, ich gehe meinen Weg!" Der muss nicht der Pfad sein, auf dem alle latschen.

Als Optimist erkennen Sie die Chancen, auch wenn sie als Problem auflaufen. Bauen Sie nicht zu sehr auf Ihre Erfahrungen, denn diese könnten mehr nehmen als geben. Schlechte Einsichten haben nämlich die unangenehme Eigenschaft, immer wieder gemacht werden zu wollen.

Sie erleben in diesen Jahren Weltgeschichte! Die Flucht aus dem Papiergeld in die Sachwerte hat begonnen. Sie sehen, wie halluzinierter Reichtum verschwindet. Sie erleben, wie sich ein Sozialstaat umbaut. Das bringt Chaos; doch das ist nicht schlimm, denn das Neue wird geboren. Ihnen werden sich großartige Chancen öffnen.

Kompakt

- Eine unhaltbare Situation wird über Jahre schön geredet. Wenn es zum Knall kommt, kann der Wandel schnell und unkontrolliert ablaufen.
- Eine Ent-Täuschung bedeutet: Die Täuschung ist aufgehoben.
- Wir sind 2016 in der Phase des euphorischen Siechtums, die von Arroganz, Hochmut und Ignoranz gezeichnet ist.

- Das Finanzsystem kollabiert. Sie spüren das an seltsamen Begriffen wie systemisches Risiko, „too big to fail", Rettungspaket, Bargeldabschaffung und so weiter.
- In der Zeitenwende verlieren viele Leute sichergeglaubte Arbeitsplätze.
- Verschwenden Sie keine Zeit, Probleme zu diskutieren. Der Zug ist abgefahren.
- Sie entscheiden, ob Sie sich über negative Information ärgern oder nicht.
- Einige werden wahnsinnig, insbesondere wenn die Perspektive fehlt.
- Damit eine neue Ordnung entstehen kann, muss die alte weg.
- Sie können sich vorbereiten, indem Sie Ihre Angelegenheiten regeln.
- Sie erleben in diesem Jahrzehnt Weltgeschichte!

Das Schöne ist, die Hamsterräder gehen kaputt...

5 Tretmühlen ade

So verwerfen Sie falsche Paradigmen

> *Pred 1:2 Wahn, nur Wahn, spricht der Prediger, Wahn nur Wahn, alles ist Wahn!*
> *Pred 1:3 Was bleibt dem Menschen bei all seiner Mühe, die er sich macht unter der Sonne?*
>
> Hebräische Bibel – Altes Testament, Prediger Kapitel 1

„Lerne, leiste, spare was, dann kanns'de, hast'de, bist'de was!" Diesen Spruch lernt Albin Kutscher vor achtzig Jahren in der Sparkasse. Die Redewendung gilt heute mehr denn je, beschreiben die knappen Worte treffend den Lebenssinn der Mehrheit: Gute Ausbildung, toller Job vorzugsweise in einem Konzern oder einer Behörde, hohes Gehalt, jährliche Anpassung nach oben, soziale Sicherheit, Familie, Eigentumswohnung, Dienstwagen, guter Ruf bei Vorgesetzten, Nachbarn und Kollegen.

Ein Epochenwandel soll an diesem Modell rütteln, es umwerfen, hinwegfegen? Ist das nicht schwer zu glauben? Will man das? Die Aussicht wird provokant, wenn der gesellschaftliche Umbruch in der persönlichen Ebene ankommt.

Eine Inflation oder eine Depression zerstört das private Vermögen, der Arbeitsplatz ist in Gefahr, er wird nicht mehr gebraucht, die Rente wird gekürzt und so weiter. Sie können heute (2016) derartige Umbrüche in Europa beobachten. Was passiert, wenn die Hälfte der jungen Menschen keine Arbeit findet? Griechenland, Portugal, Spanien, Italien oder Frankreich... Sie bekommen einen Vorgeschmack, was Deutschland bevorsteht.

Der Spruch „Lerne, leiste, spare was, dann kannst'de, hast'de, bist'de was!", würde umgemünzt heißen: „Gelerntes ist überholt, leisten geht nicht, sparen ist unmöglich, jetzt kannst'de nichts, hast'de nichts, bist'de nichts." Ihr Trost könnte sein, dass es der Mehrheit so gehen wird.

Harter Tobak! Die Aussicht rüttelt wie ein Erdbeben an den Fundamenten der gängigen Lebensmodelle. Die meisten Menschen wollen das nicht hören, sie akzeptieren nicht, sie ignorieren, bespotten, und zwar deshalb, weil es bequemer ist, an erlernten Denkmustern festzuhalten, bis es nicht mehr geht.

Tretmühle, Hamsterrad, Stress, Burnout, Wachstum, Profit ... Überstunden, Konsum, Work-Live-Balance... Sind das nicht Hinweise auf den Wahn, der täglich zunimmt? Der Irrsinn dreht sich wie ein Strudel schneller und schneller, bis er an seine Grenzen stößt.

„Klick" im Kopf

Wenn Sie Anderen von Krise und Zusammenbruch erzählen, dann wird man Ihnen vermutlich einen Vogel zeigen. Wenn Sie noch auf den Verlust der Spareinlagen hinweisen, auf die letzten hundert Jahre der deutschen Geschichte verweisen, dann könnte man Sie als Spinner abstempeln.

Es fällt schwer, sich Dinge vorzustellen, die man nicht spürt. Gar nicht funktioniert, wenn Sie sagen: „Denk einmal anders!" Das ist ein oberlehrerhafter Spruch, denn wie geht das? Oder Sie bemerken: „Du musst über den Tellerrand hinausdenken, sonst siehst du den Wald vor lauter Bäumen nicht." Wenn Ihr Gegenüber nett ist, reicht er Ihnen einen Teller, zeigt auf den Rand und bittet Sie, das Denken vorzumachen.

Belehren ist erstens lächerlich und zweitens wirkt es nicht. Das liegt daran, dass jeder Mensch in seiner Gedankenwelt lebt. Individuelle Vorstellungen basieren auf Modellen, was, wie und warum passiert, wieso nicht; wer gut ist und wer böse.

Diese Prinzipien wirken wie Paradigmen; das sind Regeln und Vorschriften, die zwei Zwecke erfüllen: Erstens setzen Paradigmen Grenzen. Zweitens geben sie Leitfäden, um innerhalb der Grenzen Erfolg zu haben. Ohne dies wäre ein Zusammenleben unmöglich.

Sie, ich, wir, alle Menschen betrachten unsere Umwelt durch die Brille der Paradigmen. Durch diese Optik filtern wir Informationen, die zu uns passen. Den Rest ignorieren wir. Das Gehirn hat anders ausgedrückt einen exzellenten Spam-Filter mit automatischer Lösch-Funktion.

Der Nachteil oder das Dilemma ist, dass Paradigmen zu der Annahme führen können, dass die Zukunft die Verlängerung der Vergangenheit ist. So tun Menschen immer wieder das, womit sie bisher Erfolge hatten. Das ist gut und funktioniert, solange sich der Rahmen nicht ändert. Im anderen Kontext sind Erfahrungen und Prinzipien mehr hinderlich als nützlich.

Freiwillig durchbricht ein Mensch ungern ein gewohntes Muster, wozu? Eher sträuben sich Leute gegen Veränderungen, denn die Paradigmen geben Halt und Sicherheit. Deshalb sind Denkmuster lange Zeit stabil: Die Erde ist eine Scheibe, die Titanic ist unsinkbar... oder heute: Staaten gehen nicht Pleite, Richter sprechen Recht, die Polizei sorgt für Sicherheit, Ihre Spareinlagen sind gedeckt, die Ärzte überblicken, was für Ihre Gesundheit gut ist...

Ein Wandel erfolgt erst, wenn der Rahmen sich ändert, wenn sich Grundannahmen als falsch erweisen. Es ist egal, ob der Umbruch erzwungen wird oder von selbst passiert. Sehen Sie zum Beispiel Zypern 2013: Die Altersvorsorge auf der Bank sei sicher, dachte man, dann schlossen reihenweise die Geldinstitute und die Vermögen wurden rasiert.

Wenn ein Paradigma sich wandelt, fängt alles wieder bei null an! Die vergangenen Erfolge nutzen nichts, sie sind weg. Denken Sie beispielsweise an eine Währungsreform, mit der sich Ersparnisse in Luft auflösen. Die Uhr wird sprichwörtlich zurück auf null gestellt, weil sich die Regeln ändern.

Sie haben die Wahl: Sie können dem Alten nachtrauern, verteidigen, was nicht mehr haltbar ist; Sie können verrückt werden, oder Sie ändern Ihre Prinzipien. Stoßen Sie ein altes Paradigma ab und akzeptieren Sie ein neues.

Beispiel Rauchen: Jan qualmt fünfzehn Jahre mindestens eine Packung Zigaretten täglich. Hunderte Male versucht er, es zu lassen: „Ich weiß nicht, wie oft ich das Datum notierte, an dem ich die letzte Kippe rauche." Ob Rationierung auf fünf Zigaretten pro Tag, Nikotinpflaster, Frühsport, andere Ernährung… Ein Versuch hält zwei oder drei Wochen, bis Jan zurückfällt. Er sagt, er war in dem alten Paradigma gefangen, dass er einen harten Willen brauche und durchhalten muss. Falsch. „Klick" macht es bei Jan und es ist kinderleicht aufzuhören: „Ich brauche keine Energie, um das Paffen zu lassen. Der Körper verlangt den Dampf nicht!

Wenn er Nikotin benötigen würde – nur einmal angenommen, dann hätte der Schöpfer eine Drüse gebaut und die Droge selber hergestellt."

Der Körper ist in der Lage, selber Nikotin herzustellen, so viel, wie er brauchen würde. Das macht er aber nicht, weil unnötig. Das ist für Jan das neue Paradigma: „Ich war auf eine Täuschung reingefallen, die mir vorgegaukelt hatte, wie schön das Rauchen sei. Tatsache ist, die Zigaretten haben noch nie geschmeckt, sie stinken.“ Als Jan die Verarsche klar wird, ist es ihm leicht, die letzte Kippe auszudrücken und nie wieder anzufangen.

Der Untergang des Wohlfahrtsstaates wirft eine Reihe von Paradigmen über den Haufen. Damit neue Ideen einen Platz finden, müssen alte raus. Das ist so, als würden Sie auf Ihrem Computer alte Programme löschen, die Festplatte formatieren und Ihr Betriebssystem neu aufspielen. Dann haben Sie Raum für neue Routinen. Raus muss:

Konsumwahn

Immer mehr! Exzellenter, besser! Die neue Wohnung muss größer sein als die alte. Das neue Auto soll schneller fahren als das Vorherige, das neue Modell braucht eine höhere Motorleistung, schließlich wiegt die Karre mehr. Betrachten Sie die Koffer von Reisenden im Zug: Jedes Jahr werden die Taschen größer, die sich in den Gängen stapeln, die Folge: einpacken, einladen, wegtragen, auspacken, umpacken, wieder einpacken, wegschleppen, heben, hieven...

Auf der einen Seite redet Ihnen die Werbung ein, dass Sie das Neueste brauchen. Andererseits treibt der Vergleich die Ansprüche hoch. Besser sein, über dem Durchschnitt liegen, vordere Plätze erlangen; diese Sucht schraubt die Anspruchsspirale höher und höher. Konsumwahn gipfelt in der Dekadenz. Das ist ein Wort, das beschreibt, wie Kulturen verfallen. Das beste Beispiel ist der Niedergang des Römischen Reiches. Heute finden Sie die Zeichen für Dekadenz vor der Haustür oder in den Nachrichten: Sehen Sie zum Beispiel die 65-jährige Lehrerin, die sich in der Ukraine künstlich befruchten lässt und in Berlin Vierlinge zur Welt bringt. Kritik weißt Annegret R. zurück: "Ich finde, das muss man für sich selber entscheiden".

Das finde ich auch. Dass die Mutter 72 sein wird, wenn die Kinder in die Schule kommen, mag modern sein. Aber dekadent ist der Anspruch, die Versichertengemeinschaft muss die Krankenhauskosten begleichen.

Spaß und Spektakel sind getrieben von der Massenpanik, das Vergnügen zu maximieren. Dabei verlernen Menschen zu unterscheiden, was gut, was böse, was wahr und gelogen ist. Sie können den Wahn abstreifen, wenn er Ihnen bewusst ist, seltsam und idiotisch vorkommt. Dann erkennen Sie, wie wenig Sie brauchen, um glücklich zu leben.

Sollte jemand über Sie lästern und Sie Konsumverweigerer nennen, dann drehen Sie den Spieß um. Machen Sie sich einen Spaß, die Gier nach Luxus zu karikieren. Beschreiben Sie den Dienstwagen als das, was er ist: eine fahrende Leasingrate mit Scheibenwischern. Natürlich ist es angenehmer, mit dem Mercedes zur Arbeit zu fahren als im rostigen Fiat. Aber ist es nicht schöner, auf dem Fahrrad ins Freibad zu rollen? Der Philosoph Diogenes beobachtet einen Mann, der auf sein kostbares Gewand stolz ist. Er sagt zu ihm: „Hör doch auf, mein Junge, auf die Vorzüge eines Schafes stolz zu sein!"

Produktivitätswahn

Wenn die Effizienz steigt, bedeutet dies, unter gleichen Bedingungen mehr zu erzeugen. In zwanzig Jahren meines Berufslebens erfahre ich jedes Jahr aufs Neue: Die Produktivität muss um fünf Prozent steigen!

Das Verrückte ist, dass Berufstätige immer mehr Lebenszeit der Arbeit widmen als wäre es der Lebenssinn. Die Überproduktion erkennen Sie zum Beispiel an fetten Zeitkonten und Überstunden. Andererseits haben zunehmend weniger Menschen einen Job, der so bezahlt ist, dass das Geld zum Leben reicht. Ist das nicht absurd?

Für mich ist Produktion von Gütern oder Dienstleistungen nicht gleich Arbeit. Erhöht sie den Wohlstand oder nicht? Oft bedeutet Fabrikation leider nur nutzloses Schinden von Überfluss.

Was halten Sie davon, die Arbeit in zwei Sorten zu betrachten, die eine ist notwendig, die andere nicht? Beispiel: Notwendig ist, einen Kranken zu pflegen oder den Müll zu entsorgen. Aber ist es erforderlich, Steuerschlupflöcher oder Hedgefonds zu erfinden? Wem nützt das? Oder braucht es einen Experten für Kommunikationswissenschaften? Wozu?

Schauen Sie in die Schaufenster: Plunder, Kram, Sachen zum Hinstellen, Aufheben, Andenken, Maskeraden... Muss das produziert werden? Verstehen Sie mich nicht falsch als jemanden, der 18 Jahre auf einen Pkw Trabant warten mag. Es geht darum, dass die Sucht nach Überfluss sinnlos Arbeitskraft und Zeit vergeudet.

Beispiel: Suchten Sie eine Dichtung für eine Zimmertür, weil die alte einriss? Staunten Sie, wozu mehrere tausend Varianten nützen? Finden Sie im Katalog, was Sie brauchen? Vermutlich würden Sie aufgeben und den „Senior Manager für Türdichtungen" anrufen... Ich kenne promovierte Chemiker, die regelmäßig das Spülmittel neu erfinden (müssen), dass noch biologischer, reiner und verträglicher sein soll. Das ist Wahn, der als Arbeit verkauft wird.

Lassen Sie sich nicht beeindrucken, wenn Unnötiges hergestellt wird.

Informationswahn

Fragen Sie ältere Menschen, was sich in den letzten Jahren änderte. Sie werden Ihnen antworten: „Die Leute gucken ständig auf das Mobil-Telefon!" Sogar in Restaurants liegen die elektronischen Hundeleinen auf dem Tisch.

Sie könnten einwenden, das sei schlechtes Benehmen. Ich glaube, dass es ein Verhaltensmuster ist, für das wir nichts können. Der Reflex stammt aus der Steinzeit, über den Menschen nach Informationen gieren. Für die Vorfahren, die Jäger und Sammler, waren Nachrichten knapp und begehrt. Zwei Botschaften wie „hinten im Wald gibt es Pilze", „die roten sind giftig", konnten überlebenswichtig sein. Heute bombardieren Signale Augen und Ohren: Smartphone, E-Mail, Fernsehen, Radio, Zeitungen, Zeitschriften, Flyer, Reklamen, Hupen, Leuchten... Wer kann alles hören und lesen? Wer leistet sich den Luxus, nicht erreichbar zu sein?

Die Datenflut mutiert zur Informationssucht; ich bezweifele, dass Menschen durch die Masse an Daten schlauer geworden sind – ich vermute das Gegenteil.

Beispiel: Ich gebe ein Seminar mit dem Titel „Die E-Mail-Flut meistern". Ingenieure, Manager und Büroangestellte kommen, um zu lernen, wie sie jeden Tag mit einem leeren E-Mail-Postfach nach Hause gehen können. Die elektronische Post sollte das Geschäftsleben beschleunigen – so dachte man, meinen Erfahrungen nach ist das nicht passiert.

Ich frage die Teilnehmer: „Wer bekommt zu viele E-Mails?" Alle heben die Hand. „Wer schreibt zu viele?" Fast alle. Hauptprobleme: Lediglich fünf Prozent der Nachrichten sind nötig für die eigentliche Arbeit, Unmengen von Kopien (CC-Mails), unklare Betreffzeilen, schlechter Schreibstil, fette Anhänge... Die

Teilnehmer geben an, dass sie täglich zu viel Zeit verlieren, die relevanten Mails vom Datenmüll zu trennen. Im Seminar erlernen die Betroffenen, wie sie als Empfänger Post organisieren und wie sie als Sender gelesen werden.

Sie können dem Informationswahn durch konsequente Datendiät entkommen. Fragen Sie, welche Post Sie brauchen. Wann immer der Informationsregen auf Sie fällt, sieben Sie aus. Blocken Sie Unwichtiges ab. Wenn Sie anderenfalls versuchen, alle Neuigkeiten aufzunehmen, laufen Sie Gefahr, sich blöd zu informieren.

Geschwindigkeitswahn

> *„Ja; renn nur nach dem Glück*
> *doch renne nicht zu sehr!*
> *Denn alle rennen nach dem Glück*
> *Das Glück rennt hinterher.*
> *Denn für dieses Leben*
> *ist der Mensch nicht anspruchslos genug*
> *drum ist all sein Streben*
> *nur ein Selbstbetrug."*

Bertolt Brecht (1898-1956)

Rentner sagen Ihnen auch, dass die Menschen heute schneller gehen als vor zwanzig Jahren. Nehmen Sie sich in der Stadt oder im Supermarkt einen Augenblick Zeit, bleiben Sie stehen und beobachten Sie die Leute: Flinke Bewegungen und Hektik, als ob zu Hause die Hütte brennt.

Studie: Der Psychologieprofessor Richard Wiseman untersuchte, wie die Fußgänger laufen. Wiseman maß die Gehgeschwindigkeiten im Jahr 2004 und verglich die Daten mit denen, die 1994 nach dersel-

ben Methode anfielen. Gemessen wurden die Zeit, um
20 Meter zurückzulegen und dies auf einem breiten
Bürgersteig ohne Hindernisse: 2004 brauchten die
Menschen 12,49 Sekunden, 1994 waren es 13,76.
Demnach stieg die Gehgeschwindigkeit innerhalb von
zehn Jahren durchschnittlich um 10 Prozent.

Die Daten stammen aus dem Jahr 2004. Ich wette, dass 2016 die Leute noch schneller laufen. Absurd, denn einerseits werden die Menschen immer älter, doch wollen sie zügiger zum Friedhof?

Das Gerenne hat drei Ursachen:

Erstens - Terror der permanenten Erreichbarkeit: Schnell ist nicht genug, denken Sie beispielsweise daran, welche Antwortzeit auf eine E-Mail erwartet wird. Seminarteilnehmer sagen mir, dass innerhalb eines Tages geantwortet werden sollte und diese Zeit wird kürzer.

Zweitens - Illusion Multitasking: Hartnäckig hält sich der Irrglaube, Menschen können gleichzeitig Aufgaben erledigen. Das mag auf Tätigkeiten zutreffen, die routiniert ablaufen. Tatsache ist, dass bei Multitasking die Hirnleistung um bis zu vierzig Prozent sinkt. Entsprechend schlechter werden die Resultate und in Folge entsteht Eile.

Drittens - der dumme Spruch „Zeit ist Geld": Die Phrase dient als Antreiber-Parole im Geschäftsleben. Zeit ist Zeit und Geld ist Geld – nichts anderes. Dieser Blödsinn nimmt Ihnen die innere Ruhe, doch freuen Sie sich: Mit dem Epochenwandel verschwindet der Geschwindigkeitswahn, erst allmählich, dann komplett. Langsameres Gehen, rücksichtsvolleres Verhalten gegenüber sich selbst und seinen Nächsten werden wieder in Mode kommen. Beginnen Sie schon heute, entspannter zu laufen, lassen Sie Drängler vorbei hasten.

Geld-Wahn

Geld ist großartig, weil man die Dinge kaufen kann, ohne jemanden, um Erlaubnis zu fragen. Genug Geld bedeutet Unabhängigkeit, da man nicht auf den Befehl eines Vorgesetzten oder Kunden hören muss. Deshalb habe ich nichts gegen Geld, im Gegenteil, ich mag es. Und ich verstehe den Wunsch, so viel zu besitzen, um sich vom Knechtsdienst der Erwerbsarbeit zu befreien. Ich weiß, dass die meisten Leute für den Lebensunterhalt schaffen; viele werken gern und verdienen gut. Darum geht es nicht.

Unter Geld-Wahn leiden Menschen, die mehr anschaffen als sie brauchen. Während der gesamten Berufszeit tönt es, dass derjenige den größten Erfolg hat, der am meisten verdient. Als ob es das Ziel wäre, am Totenbett Millionen vorzeigen zu können, um das Rattenrennen nach der Kohle zu gewinnen.

Der Geld-Wahn ist eine Krankheit, die wie Krebs wuchert. Dabei verstehen viele Geldsüchtige nicht, wer an ihnen verdient. Rechnen Sie nach!

Beispiel: Der Angestellte Herr Fröbel bekommt 50.000 Euro im Jahr; er arbeitet als Ingenieur und leistet 38,5 Stunden pro Woche. Herr Fandre ist Manager und verdient 100.000 Euro pro Jahr, das Doppelte von Fröbel. Eine amerikanische Studie ermittelte, dass Manager durchschnittlich 72 Stunden pro Woche arbeiten. Der Wert ist plausibel: Telefonate führen auf dem Weg von und zur Arbeit in Bahn oder Auto, Sichten der E-Mails nach Feierabend, im Schlafzimmer, im Urlaub, permanente Erreichbarkeit...

Fröbel und Fandre sind in der Steuerklasse 1, sie zahlen die üblichen Steuern (Lohn, Soli, Kirche) und Beiträge für die Renten-, Kranken - und Pflegeversicherung.

Berechnen Sie den Stundenlohn. Sie kommen zu einem verblüffenden Ergebnis: Herr Fröbel verdient pro Stunde netto 17,72 Euro, Herr Fandre erlöst netto 17,42 Euro. Der Manager erhält folglich pro Stunde 30 Cent weniger. Wenn Sie wollen, können Sie die Zahlen prüfen, laden Sie im Internet einen Brutto-Netto-Rechner.

Hätten Sie das gedacht? Wer ist der Dumme? Oder der Produktivere? Fandre oder Fröbel? Sie könnten einwerfen, dass wegen der vielen Stunden in absoluten Beträgen bei Fandre mehr hängen bleibt, aber hat der Manager Zeit, Geld auszugeben? Wann denn?

Ich wohne in der Kurstadt Bad Mergentheim. Dort gibt es Heilquellen und die Gäste können eine Trinkkur machen. Der Kurarzt Dr. Salat erzählt in seinen Vorträgen und lacht:

„Die Leute rennen dem Geld hinterher und ruinieren ihre Gesundheit. Wenn sie genug Geld haben, kommen sie nach Bad Mergentheim gehechelt und wollen ihre Gesundheit wieder."

Der Geld-Wahn tobt nicht nur bei Lohn und Gehalt, hinzu kommt der Hunger auf Kapitalerträge. Aber den Gipfel bilden die privaten Schulden. Viele Menschen sind leider nicht mit dem zufrieden, was sie haben. Sie versklaven sich, wenn sie Kredite aufnehmen.

Wem nutzt es? Dem, der Schulden mit Zins und Zinseszins bedienen muss oder dem, der die Darlehen vergibt. Sie sind nur frei, indem Sie zwei Dinge tun: Verdienen Sie nicht mehr, als Sie verbrauchen. Machen Sie keine Schulden - malochen Sie nicht für Zinsen.

Karrierewahn

Wenn Sie Arbeitnehmer fragen, was sie erreichen wollen, werden viele antworten, dass sie auf der Karriereleiter hochklettern möchten. Ganz oben ist der Mount Everest und scheinbar sind dort noch Sessel frei. Betrachten Sie auf diese Weise die Torheit um das Gerenne nach oben.

Es geht nicht um die Frage, ob Sie auf der Karriereleiter um die Wette klettern wollen, weil Sie entweder am Anfang Ihres Berufslebens stehen oder bereits einen Posten im Organigramm erklommen haben. Wichtiger ist: Steht Ihre Karriereleiter am richtigen Haus? Mit der Implosion der Schuldenblase werden reihenweise Firmen verschwinden, da nützt der berufliche Aufstieg nichts, wenn das Unternehmen schließt. Sie wären am falschen Gebäude gewesen.

Klettern auf der Karriereleiter ist eine lackierte Form der Sklavenarbeit: Vor Ihnen hangelt Ihr Chef, zu dem Sie aufsehen dürfen, Bitte - Ja - Danke sagen, gehorchen; Sie leben die Visionen der Firma. Vielleicht finden Sie das wunderbar. Unter Ihnen strampeln Ihre Mitarbeiter, die einen wollen überholen, die anderen sägen an Ihrem Stuhl, viele erwarten Lob und Anweisungen.

An diesem Spiel hat sich seit Jahrhunderten nichts geändert. Mir scheint allerdings der Karrierewahn in der Zeit des euphorischen Siechtums besonders ausgeprägt.

Beispiel: Auf einem Seminar stellt sich ein Teilnehmer vor: „Ich lebe in Afrika, komme aber aus Freiburg. Meine Eltern betreiben dort Plantagen, wir stellen Sklaven an."

Das Gespräch stoppt, Stille, ratloses Gucken, der Begriff Sklaven klingt wie ein Wort aus Kolonialzeiten. Ausbeutung, Feudalismus. Der Kollege erklärt:

„Im Prinzip ist die Beschäftigung von Sklaven wie die Arbeit mit Angestellten, so wie in Deutschland auch." Wieder Stille. Die Sklaven kommen jeden Morgen freiwillig zur Plantage – niemand zwingt sie, dann bekommen sie Aufgaben zugeteilt, die Knechte greifen gern zu. Am Tagesende empfangen die Leute ihren Lohn und sind zufrieden. Danach gehen sie nach Hause zu ihren Familien, am nächsten Tag stehen sie wieder vor dem Tor."

Der Kollege will wissen: „Was ist daran anders als in Deutschland?" Keiner kann ihm antworten.

Im Geschäftsleben winken mit jeder Karrierestufe Titel: „Head of..." „Leiter von...", „Senior Manager...", Führer, CEO oder COO... Wichtig sind für Posteninhaber Symbole, die den Status anzeigen. Nummer eins ist der Dienstwagen, von dem es alle drei Jahre einen neuen gibt. Oder das eigene Büro, der breitere Schreibtisch, das Vorzimmer. Erstaunlich, wie Wert darauf gelegt wird. Sie können den Karrierewahn anders interpretieren: Posten und Statussymbole sind Auszeichnung, ein gehorsamer Sklave zu sein.

Teil des Wahns ist der Trend, studiert haben zu müssen, aber nicht nur. Laufend ertönt der Ruf nach Weiterbildung, bestimmt kennen Sie das Schlagwort „lebenslanges Lernen". Wozu ist das gut? Wem nutzt es? Ihnen? Sagen Sie einmal: „Ich bin fünfzig, ich habe genug gelernt, ich höre auf damit." Wenn Ihr Gegenüber Sie kopfschüttelnd anblickt, stellen Sie sich dumm und fragen Sie: „Was haben Sie heute für die Steigerung Ihrer persönlichen Wettbewerbsfähigkeit getan? Arabisch soll im Kommen sein!"

Das klingt provokativ und das soll es. Prüfen Sie, was Sie lernen und ob es nutzt. Welche Fähigkeiten brauchen Sie im und nach dem Platzen der Wohlfahrtsblase? Vermutlich wird es nicht mehr wichtig sein, Powerpoint-Folien erstellen zu können. Wahrscheinlich dienen Ihnen praktische Fertigkeiten, bei-

95

spielsweise was zu tun ist, um eine Wasserleitung zu reparieren.

Vielfaltswahn

„Zivilisation ist die unablässige Vermehrung unnötiger Notwendigkeiten."

Mark Twain (amerikanischer Schriftsteller, 1835 - 1919)

Wie geht es Ihnen, wenn Sie den neuesten Handytarif suchen müssten? Allnetflat Deluxe, Blue All In, Smart XL... mit Vertrag, ohne Vertrag, mit Handy, ohne, 21,1 Mbits/s oder 7,1 Mbits/s, 2 oder 4 GB? ... Ist das Passende dabei oder wollten Sie nur telefonieren?
Entscheiden ist Wählen unter Alternativen. Je mehr Möglichkeiten auf dem Tisch liegen, desto schlechter wird die Wahl, und zwar deshalb, weil Sie zulange brauchen, eine Entscheidung zu fällen.

Es ist unmöglich, optimal zu wählen. Erstens kennen Sie nicht alle Alternativen – haben Sie den neuesten Tarif Mobil Friends berücksichtigt? Zweitens wissen Sie nicht alle Details oder Sie berücksichtigen diese nicht - was steht in den Geschäftsbedingungen? Der Vielfaltswahn durchzieht alle Bereiche des Lebens. Nehmen Sie Grundbedürfnisse wie das Essen: Welchen Pfeffer verwenden Sie für den Salat? Den grünen, den roten oder den schwarzen? Den indischen, den südamerikanischen, gestoßen oder gemahlen? Vermutlich haben Sie nicht die Variante parat, den das Kochbuch anpreist. Wir stehen vor der vollsten Tafel aller Zeiten und grübeln, welche Speisefinessen probiert werden müssten. Ich glaube, dass der Terror mehr Zeit und Nerven raubt, um die Möglichkeiten genießen zu können.

Das Gute am Platzen der Wohlstandsblase wird sein, dass die unnütze Vielfalt schrumpfen wird, und zwar auf das Notwendige. Sie würden allerdings wieder mit gewöhnlichem Pfeffer würzen.

Sie können aus dieser Tretmühle jederzeit aussteigen, denn das geht ohne Probleme: Begrenzen Sie Vielfalt, greifen Sie zu vertrauten Produkten, anstatt stundenlang alle Angebote durchzuwühlen. Bevorzugen Sie das Einfache.

Wenn der Wahn geht

In der Phase des euphorischen Siechtums werden Ihnen wenige Leute begegnen, die auf den Kollaps des Wohlfahrtsstaates eingestimmt sind. Sie treffen vielmehr Personen, die mit Lust oder Frust in den Hamsterrädern strampeln. In den Mühlen treten heißt: mitmachen, mitlaufen, miterleben, Ja-Bitte-Danke sagen, Geld verdienen... Am besten Sie meiden Opportunisten, denn Sie wissen, dass wir am Ende einer Epoche stehen.

Ihre Gedanken brauchen das Gelöbnis zum Optimismus. Positives Denken bedeutet nicht, dass Sie schlechte Nachrichten verdrängen sollen; Sie weigern sich nur, sich diesen zu unterwerfen. Verscheuchen Sie trübe Vorstellungen wie eine lästige Fliege, weil Sie sonst Unheil brüten oder der Langeweile Tür und Tor öffnen.

Achten Sie darauf, mit Ihren Worten sorgsam umzugehen. Denn Sie sind, was Sie denken. Vermeiden Sie negative Begriffe wie Sorgen und Probleme. Werten Sie sich selbst niemals ab. Das gilt auch für die Anderen. Sie würden nur ein grimmiges Gesicht bekommen, verspannte Muskeln und Kopfschmerzen. Zerbrechen Sie sich nicht über alle Dinge den Kopf. Schauen Sie auf Sachverhalte, die Sie beeinflussen können. Wenn negative Meldungen auf Sie einströmen, dann machen Sie es wie ein Kind: Staunen Sie!

Sie entkommen einem Wahn mit einer einfachen Methode: Verzichten! Sie heben die Täuschung auf, dass es schön sei, im Rad zu treten. Doch Vorsicht, noch ist der Wahn als Freude oder Vergnügen getarnt. Ihr Verzicht ist es, der Sie frei macht von Versuchen, Sie zu erpressen.

Kompakt

- Der Untergang des Wohlfahrtstaates rüttelt wie ein Erdbeben am gängigen Lebensmodell.
- Neue Paradigmen ersetzen die alten.
- Wenn ein Paradigma sich wandelt, fängt alles wieder bei null an.
- Ihr Abschied aus den Tretmühlen ist kein Verlust, sondern eine Entspannung.
- Konsumwahn: Sie brauchen weniger, um glücklich zu leben.
- Produktivitätswahn: Es beeindruckt Sie nicht, schneller Unnötiges zu erstellen.
- Informationswahn: Sie filtern Informationen und nehmen auf, was Ihnen nutzt.
- Geschwindigkeitswahn: Sie gehen langsamer und rücksichtsvoller.
- Geld-Wahn: Sie verdienen so viel, wie Sie brauchen. Sie machen keine Schulden.
- Karrierewahn: Sie erwerben die Fähigkeiten, die künftig wichtig sind.
- Vielfaltswahn: Sie gewinnen Zeit, indem Sie nutzlose Varianten meiden.
- Werten Sie sich und die Anderen nicht ab. Bleiben Sie optimistisch.
- Ihr Zauberwort: Verzicht! Sie sind nicht erpressbar.

Die alten Denkmodelle gehen, doch was kommt?

6 Das Neue gebären

So erkennen Sie, was Ihnen wertvoll ist

Keiner von uns sage, er habe die Wahrheit schon gefunden. Lasst sie uns vielmehr so suchen, als ob sie uns beiden unbekannt sei. Wenn keiner sich anmaßt, sie schon gefunden und erkannt zu haben, dann werden wir sie gewissenhaft und einträchtig gemeinsam suchen können.

Aurelius Augustinus (354-430)

Sie können sofort aus Tretmühlen aussteigen, wenn Sie die Nase voll haben vom Hamsterradeln. Oder Sie werden später mit dem Platzen der Wohlfahrtsblase rausgeschleudert. Letztes wird vermutlich die meisten Leute treffen. Und dann? Der Verlust alter Stile wird vorübergehend innere Leere auslösen. Denken Sie daran, dass es die Paradigmen sind, die Halt geben, und diese Pfeiler müssen wieder neu gesetzt werden.

Sie blicken nach vorn, prüfen, was gut und richtig ist. Dazu brauchen Sie ungestörte Zeit. Vermutlich klopfen in dieser Situation Windbeutel an, die Ihnen eine Meinung anzudrehen versuchen. Bleiben Sie misstrauisch: Die alten Parolen von Wachstum, Wettbewerbsfähigkeit und Konsum funktionieren nicht mehr. Für Sie zählt Ihre Wahrheit und nicht die der Anderen.

Veränderungen beginnen im Kopf. Und zwar im eigenen! Persönlicher Wandel setzt voraus, dass Sie sich einen besseren Zustand vorstellen können. Denken Sie zuerst an Ihre Person. Der Satz mag selbstsüchtig klingen, das ist er aber nicht. Die Bibel sagt, man solle seinen Nächsten lieben, wie sich selbst. Ist das keine Aufforderung zur Selbstliebe? Wie sollten Sie Ihren Nächsten lieben, wenn Sie das nicht bei sich hinbekommen?

Probieren Sie: Treten Sie vor den Spiegel – es muss ja niemand zugucken, schauen Sie sich an. Sagen Sie zu Ihrem Gesicht: „Ich liebe dich!". Wie fühlen Sie sich...? Seltsam, nicht wahr? Tun Sie es noch einmal: „Ich liebe dich!" Sie können zusätzlich etwas Freundliches anbringen... „Noch müde? Das gibt sich, im Großen und Ganzen siehst du für dein Alter gut aus."

Vielleicht waren Sie in Ihrem Leben für andere da, für Ihren Mann oder Ihre Frau, für die Firma, die Politik... Heute beschäftigen Sie sich mit sich, und zwar mit Ihren Glaubenssätzen. Nur Sie können diese ändern, Sie sind der Chef.
Sagen Sie sich:

- Was gestern wichtig war, muss heute nicht mehr wichtig sein.
- Ich lasse los von dem, was überholt ist.
- Ich beginne neu. Diese Chance ist großartig. Generationen meiner Eltern und Großeltern begannen mehrmals von vorn, in Deutschland zum Beispiel 1918, 1948 und im Osten 1989. Ich starte 2017 mit anderen Paradigmen in eine neue Zeit.

„Die Philosophen haben die Welt nur verschieden interpretiert; es komme aber darauf an, sie zu verändern", sagt Karl Marx. Das klingt ja gut. Aber warum sollten Sie sich abreiben am Weltgetriebe? Ich finde Arthur Schopenhauer passender: „Wer auf die Welt gekommen ist, diese ernstlich zu belehren, der kann von Glück sagen, wenn er mit heiler Haut davonkommt."
    Denken Sie lieber, dass Sie keine Lust haben, die Welt zu interpretieren – dazu war genug Zeit.

Befassen Sie sich mit Ihnen; das ist richtig, denn wenn jeder an sich arbeiten würde, ist die Welt eine gute.

Nehmen Sie sich dafür Zeit. In Unternehmen zum Beispiel gehen die Manager an gesonderten Tagen weg, um ihre Kraft auf die Geschäftsstrategie zu konzentrieren. Warum sollten Sie in sich keine Zeit investieren? Tage nur für sich? Was gäbe es Wichtigeres?

Beispiel: Gerda ist Mitte fünfzig. Ihre zwei Kinder sind erwachsen und aus dem Haus. Ihr Ehemann starb an einer Herzkrankheit, Gerda lebt seit einem Jahr allein. Sie überlegt: „Wie will ich mein Leben organisieren? Möchte ich wieder einen Mann? Oder nicht? Warum? Wie lange werde ich trauern? Wie gehe ich mit der Einsamkeit um? Brauche ich die große Wohnung? Sollte ich das Auto abschaffen und die Leasingrate sparen? Bietet mir der Beruf die Erfüllung, die ich benötige? Was ist mir wichtig?" Gerda überlegt, wann sie sich in ihrem Leben diese Fragen gestellt hat: „Bin ich fremdbestimmt oder beschließe ich aus eigener Kraft?"

Die Frau entscheidet, über Ostern allein zu verreisen, sie sagt den Besuch bei Verwandten ab. Sie will ungestört über sich nachdenken. Gerda erzählt mit einem Lachen, dass sie ihr Strategiewochenende – so nennt sie die Tage - in Dresden verbringt. Sie spaziert mit dem Tagebuch an der Elbe, wandert von der Augustusbrücke zum Blauen Wunder, die Eidechsen am Elbufer bringen sie auf Ideen, die ihr im Alltagsgewimmel nicht eingefallen wären.

Bringen Sie alles vom Kopf auf das Papier. Natürlich schreiben Sie keinen Roman am Stück, doch darum geht es nicht. Außerdem muss niemand lesen, was Sie notieren; deshalb sind Ausdruck und Rechtschreibung bei Notizen nicht wesentlich. Indem Sie schreiben, ordnen Sie Ihre Gedanken. Sicherlich halten Sie nicht alles auf einmal fest, aber fangen Sie an.

Sie könnten beispielsweise vermerken, aus welchen Tretmühlen sie aussteigen. So lassen Sie gleichzeitig los! Und wer loslässt, hat wieder zwei Hände frei. Das geschriebene Wort ist verbindlicher als reden und diskutieren, Sie verlieren nichts, im Gegenteil, Sie gewinnen, weil der Kopf frei wird.

Beginnen Sie nie eine Angelegenheit, bevor Sie nicht wissen, warum Sie sich freuen. Dazu gibt es einen Trick: Schreiben Sie jeden Tag fünf Gründe auf, worüber Sie sich Hier und Heute freuen. Das können sehr kleine Punkte sein, zum Beispiel: „Ich freue mich, weil ich gut geschlafen habe, weil ich meinen Partner geküsst habe, ich freue mich, weil ich heute mit dem Rad fahre, weil ich meinen Artikel entwerfe und ich freue mich, weil es frischen Kaffee gibt." Mit einer solchen Seelenlage motivieren Sie sich selbst und können schmunzeln, wenn griesgrämige Gesichter an Ihrer Stimmung nagen.

Was brauchen Sie wirklich

Der Lebensphilosoph Josef Kirschner sagt: „Der wahre Fortschritt unserer Zeit besteht in der Rückkehr zu sich selbst." Klingt das nicht nach einer Seefahrt, bei der es am schönsten ist, wieder im Heimathafen anzukommen? Lachen Sie über die plärrende Musik zerbrechender Märkte, über das Jaulen verrosteter Tretmühlen. Die alte Leier hat ausgedient: „Sie müssen mehr haben als..., Sie müssen hunderte E-Mails lesen, Sie müssen schöner geschminkt sein wie..., Sie müssen die neuesten Plastikdosen kaufen, sonst sind Sie ein schlechter Hausmann." Sie müssen gar nichts.

Auf dem Weg zu sich selbst werden Sie sich mit Ihren Bedürfnissen befassen. Was brauchen Sie wirklich? Ich bin nicht der Erste, der sich mit Bedürfnissen von

Menschen befasst. Lassen Sie uns nachsehen, welche Anregungen es gibt:

Professor Wöhe schreibt in seinem Standardwerk „Einführung in die Allgemeine Betriebswirtschaftslehre" auf Seite eins: „Die menschlichen Bedürfnisse sind praktisch unbegrenzt." Unbegrenzte Bedürfnisse? Was soll das? Ich glaube die Phrase nicht. Aber Millionen Studenten lernen das. Ich denke, diese unbewiesene Behauptung treibt zusammen mit dem Zinseszins-System das große Rattenrennen nach Geld.

Maslow ordnet die Bedürfnisse in fünf Kategorien, die in einer Pyramide übereinander stehen: Unten rangieren die physiologischen Bedürfnisse wie Essen und Trinken, danach die sozialen Aspekte wie Zugehörigkeit, in der Spitze steht der Drang nach Selbstverwirklichung – was immer das sein soll. Jedenfalls wird der Epochenwandel die meisten Menschen in die unteren Bereiche zurückwerfen; erst kommt das Essen, dann die Moral, wie Bertold Brecht sagt.

Schopenhauer schreibt in seinen Aphorismen zu Lebensweisheit: „Alle Beschränkung beglückt." Er führt aus, warum weniger mehr ist. Das sind keine Worte eines Armen, sondern eines Mannes, der Zeit seines Lebens nie arbeiten musste, weil er steinreich war. Der Denker hatte Zeit zum Philosophieren und wusste, warum mehr Geld nicht glücklicher macht.

Sokrates teilt seinen Schülern mit: „Oft habe ich über Gott nachgedacht, warum er glücklich und selig ist, und habe erkannt, dass er uns überlegen ist, weil er nichts braucht." Wäre es göttlich, nichts zu begehren? Das klingt gut, es geht aber schlecht. Gottähnlich wäre, ganz wenig zu brauchen.

Epiktet ordnet die Bedürfnisse in drei Kategorien:

1. Natürliche und Notwendige – dazu zählen Essen, Trinken, eine Bleibe.

2. Natürliche und nicht Notwendige – zum Beispiel gehört dazu das natürliche Verlangen nach Sexualität, aber es gibt Menschen, die darauf verzichten (können).

3. Nicht natürliche und nicht notwendige Bedürfnisse - Hier stehen all die Tretmühlen, all die Getriebe, auf die Sie verzichten können: Status, Reichtum, Karriere, Prestige, Ansehen... Das sind die Hamsterräder, die zerbrechen, weil sie unnatürlich und nicht notwendig sind.

Fünf Experten liefern Anregungen. Konzentrieren Sie sich am besten auf die Faktoren, die Sie aus eigener Hand bedienen können. Das wären im Sinne Epiktets die natürlichen Bedürfnisse. Es ist leicht, diese zu erfüllen.

Ein Bedürfnis, welches nicht notwendig und unnatürlich ist, brauchen Sie nicht bedienen. Wozu? Der Versuch, es zu tun, produziert Stress, weil Sie gegen andere kämpfen müssten. Die öffentliche Meinung und die Werbung wollen Ihnen einreden, dass das Treten in den Mühlen Ihr Wunsch sei. Am besten, Sie entlarven die Chimären als das, was sie sind: Lügen über Lügen, denen Sie hinterherlaufen sollen.

Ihre natürlichen Bedürfnisse erfüllen Sie vollständig und gut.

Glück: Sie sind verantwortlich

Der Philosoph Zenon sagt, das Glück besteht im schönen Fluss des Lebens. Oder Glück bedeutet die Abwesenheit von Schmerz und ein heiteres Gemüt. Meiner Meinung nach finden Sie Ihr Lebensglück, wenn Sie Ihre Werte leben. Unglücklich wären Sie, wenn Sie nach der Pfeife anderer tanzen. Sie haben es in der Hand.

Dirk Tönhardt erzählt: „Ich habe ein Vorstellungsgespräch, am Tisch sitzen drei Geschäftsführer und die Personalreferentin. Ich bewerbe mich für den Job des Vertriebsleiters. Am Ende des Gesprächs fragt der Geschäftsführer Streisel: „Herr Tönhardt, wer ist für Ihr Glück verantwortlich?" „Ich selbst", antworte ich. Die Manager schweigen, wiegen den Kopf und blicken sich an, Dirk ergänzt „für mein Glück bin ich zu 100 Prozent selbst verantwortlich". Streisel hakt nach: „Müssen nicht andere etwas dazu beitragen? Sollten nicht gewisse Rahmenbedingungen passen?" „Nein, ich muss mich selber kümmern." Die Geschäftsführer nicken freundlich. Streisel: „Herr Tönhardt, Sie haben die Stelle."

Ob im Beruf, im Privatleben oder der Partnerschaft: Sie sind für Ihr Gedeihen zu einhundert Prozent selbst verantwortlich. Wer sollte sich sonst kümmern? Ihre Frau oder Ihr Mann? Ihre Kinder? Die Firma? Ein Politiker? Die Gesellschaft? Quatsch. Sie kennen das Sprichwort: „Jeder ist seines eigenen Glückes Schmied". Das gilt gerade in ungemütlichen Zeiten, wenn der Wohlfahrtsstaat bricht.

Beim Schmieden orientieren Sie sich an dem, was Ihnen wertvoll ist. Ihre Prinzipien werden Ihnen bewusst, indem Sie das Aufschreiben kultivieren. Pflegen Sie das Ritual, es ist leicht.

Viele Menschen finden Halt in einer Religion; so gibt es Leute, die fünfmal täglich auf einer Matte in eine Himmelsrichtung beten. Aber Sie müssen sich keinen Gebetsteppich kaufen, um jemand zu huldigen. Beispielsweise schreibt der Schriftsteller Volker Braun über einen Hufschmied in Südamerika: Dieser Mann hat eine Statue, die keinen anderen abbildet, als ihn selbst. Dieses Selbstbild betet der Schmied jeden Tag an, der Mann spricht, dass er keinen bedeutenderen Menschen kenne.

Lachen Sie! Zuerst über sich, dann über die Welt. Das ist die beste Medizin. Jeder Tag, an dem Sie nicht frohlocken, ist ein verschwendeter Tag. So sagt Arthur Schopenhauer:

„Was nun aber, von jenen Allen, uns am unmittelbarsten beglückt, ist die Heiterkeit des Sinnes: Denn diese gute Eigenschaft belohnt sich augenblicklich selbst. Wer eben fröhlich ist, hat allemal Ursach es zu sein: Nämlich eben diese, dass er es ist."

Euripides: „Ein weiser Mann folgt nur sich selbst"

Die meisten Menschen verstehen unter Werten Regeln oder Normen, die in der Gemeinschaft wünschenswert sind. Erziehung, Ausbildung und Erfahrungen prägen Werte; sie können von Person zu Person unterschiedlich sein.

Ich schlage Ihnen ein Werteverständnis vor, das tief bohrt: Werte sind die unterbewussten Treiber, die eine Person ausmachen; sie sind unzerstörbar. Niemand oder nichts kann Ihre Werte kaputtmachen, denn diese sind das Fundament, das Sie einmalig macht. Wie eine verborgene Hand steuern Ihre Werte das tägliche Handeln.

Beispiel: Betrachten Sie die Liebe einer Mutter zu ihrem Kind. Es ist egal, ob die Frau im Feudalismus, Sozialismus, Kapitalismus, einer Diktatur oder Demokratie lebt, die Liebe der Mutter zu ihrem Kind ist unzerstörbar, egal welcher Politiker die Staatsgeschäfte lenkt. Vielleicht bekommt das Kind in dem einem ...-ismus eine rote Mütze, in dem anderen ...-ismus ein Fahrrad, in der einen Gesellschaft hat das Kind bessere Chancen, in der anderen weniger, aber an der Liebe der Mutter zu ihrem Kinde ändert das nichts. An der eines Vaters übrigens auch nicht.

Sie müssen nicht lange nach Ihren Werten suchen, Sie brauchen nur in sich hinein zu hören: Was zeichnet Sie aus? Was ist ewig? Ihre Wurzeln sind ohne Zweifel vorhanden, selbst wenn im Epochenwandel daran gerüttelt wird.

Betrachten Sie Ihr Fundament in drei Lebensbereichen, und zwar von innen nach außen:

1. Was Sie sich selbst sind: Diese Werte können Sie zu einhundert Prozent selbst gestalten!
Beispiel: Gesundheit, Freude, Tätig Sein, Unabhängigkeit, Sport, Sicherheit, innere Ruhe...
In diesem Bereich unterstützt Sie kostenlos und gewaltig Ihr Selbsterhaltungstrieb.

2. Was Ihre Nächsten betrifft: Diese Werte beziehen sich auf Ihr unmittelbares Umfeld, Sie können diese überwiegend aus eigener Kraft pflegen.
Beispiel: Liebe zu Kindern, zum Partner, zu Eltern, zu Freunden, zur Natur; Sexualität, Freizeit ...
In diesem Feld haben Sie gewaltige Antriebskräfte durch Ihren Geschlechtstrieb und Brutpflegetrieb.

3. Was Sie und Andere betrifft: Diese Werte liegen bedingt in Ihrer Hand. Sie bedienen Sie im Austausch mit anderen.
Beispiel: Erfolg im Beruf, Reichtum, Karriere, Zugehörigkeit zu einer Firma oder Gruppe, Ansehen, Prestige...

Hören Sie in sich hinein, welche Ihre Werte sind. Schreiben Sie auf. Ihr Glück finden Sie bei den Werten, deren Bedienung in ihrer Hand liegen.

Anmerkung: Sollten Sie bei einem Punkt unsicher sein, oder Sie suchen in Ihrer Vergangenheit, wo Sie den Wert herhaben? War es die Erziehung? Oder ist es eine gesellschaftliche Norm? Nehmen Sie beispielsweise das Geld. Vermutlich werden Sie nach einer Währungsreform dem Geld eine andere Bedeutung beimessen. Niemand kann Sie hindern, Ihre Sichtweise schon heute zu verändern, wenn dies auch Kraft kostet.

Ich gehe davon aus, dass die „alten" Tugenden wieder emporsteigen: Ehrlichkeit, Zuverlässigkeit, Mut, Pünktlichkeit, Ordnungssinn, Einfachheit, Fleiß. Hingegen werden die Todsünden stärker denn je verpönt: Habgier, Hochmut, Völlerei, Wollust, Faulheit, Zorn und Neid.

Fühlen Sie Ihre Werte, denn letztlich bestimmen diese Ihr Denken und Handeln. Sie brauchen sich von Niemand einreden lassen, was richtig oder falsch sei, für Sie gelten Ihre Maßstäbe und nicht die der anderen oder eines ...-ismuses.

Aber geben Sie sich keiner Illusion hin: Wenn Sie über sich selbst bestimmen, kann das auf Widerstand stoßen, und zwar bei denen, die Sie bisher bevormundet hatten. Sie können jedoch locker bleiben, denn die alten Besserwisser verschwinden und haben selbst Mühe, Fuß zu fassen.

„Von Niemanden abhängen, der Mann seines Herzens, seiner Gefühle, seiner Grundsätze sein, nichts habe ich seltener gesehen." (Chamfort)

Auf neuen Kurs bringen

Sie könnten einwerfen, dass die Kenntnis der eigenen Werte nicht reicht, um in Bewegung zu kommen. Das leisten Ziele: Was soll in einem Jahr anders sein? Was wollen Sie anpacken?

Indem Sie zu Ihren Werten passende Ziele formulieren, erschaffen Sie etwas Entscheidendes: Sinn! Sie wissen, was für Sie wichtig ist (Werte) und Sie entscheiden, wo Sie hin wollen (Ziele). Im Umkehrschluss verstehen Sie, wohin Sie nicht wollen und warum. Ohne Lebensziele würden Sie wie ein Segel im Wind treiben. Das wäre nicht schlimm, aber ob Sie dort ankommen, wo Sie hin möchten, ist dem Zufall überlassen.

Setzen Sie sich anspruchsvolle Ziele. Sie denken dadurch anders, denn Sie konzentrieren sich auf das erwünschte Ergebnis und haben ein klares Bild vor Augen. Nur so haben Sie die Chance auf einen günstigen Rückenwind.

Beispiel: In Kapitel 2 erzähle ich von Tante Gertrud; auf ihrer 90. Geburtstagsfeier treffe ich ihre Freundin Margarethe. Stellen Sie sich eine agile Rentnerin vor, die singt und vor Lebensfreunde strahlt. Die Uroma fährt einen zwanzig Jahre alten Mercedes, sie parkt ihr Auto vorsichtig wie einen Kinderwagen.

Margarethe erzählt über ihr Lebensmotto: „Ich nehme mir jedes Jahr etwas Neues vor, was ich schaffen will. Ein Ziel. Mehr nicht. Darauf freue ich mich das ganze Jahr." Mit 90 will sich die Dame einen Traum erfüllen: „Ich will auf die Insel Grand Canaria und dort zehn Tage verbringen. Ich bin noch nie in einem Flugzeug geflogen! Ich bin aufgeregt!" Die Reise bereitet Margarethe seit Monaten vor, sie liest Bücher über die Insel und Flugzeuge.

Meine Botschaft ist nicht: Fliegen Sie nach Grand Canaria. Mich beeindrucken Personen, die wissen, was sie wollen und Freude haben, daraufhin zu arbeiten. Und es ist egal, wie alt die Leute sind.

Betrachten Sie Ihre Werte. Fragen Sie zu jedem Punkt: Wo stehe ich heute? Wo will ich hin? Was soll in einem Jahr anders sein? Wie lauten meine Absichten?

Prüfen Sie, ob diese wetterfest sind. Das schaffen Sie mit dem sogenannten *SMART*-Check: Ist mein Ziel?

S wie selbst beeinflussbar
M wie messbar
A wie attraktiv
R wie realistisch
T wie terminiert

Sollten Sie feststellen, dass ein Buchstabe nicht erfüllt ist, präzisieren Sie solange bis es passt. Gelegentlich kann es vorkommen, dass Sie ein Ziel wieder streichen, wenn Sie merken, dass eine Sache nicht durch Sie beeinflussbar ist. Es ist besser, ein Vorhaben zu lassen, anstatt wie Don Quichotte mit dem Säbel gegen Windmühlen zu kämpfen.

Schreiben Sie alles auf. Wenn Sie auf das Blatt Papier sehen und sagen: „Ja, das ist es!", dann haben Sie Ihren Kurs bestimmt. Sie wissen, was Sie wollen und Sie verstehen, warum Sie Lust haben.

Auf dem Weg

Der Weg vom Start bis zum Abschluss ist keine Angelegenheit, die Sie in ein paar Stunden schaffen. Vergleichen Sie Ihre Vorhaben mit dem Bau eines Hauses: Stein für Stein, erst den Keller, Etage für Etage, der Rohbau, dann das Dach, die Heizung, das Bad, die Küche…

Tag für Tag kommen Sie ein Stückchen vorwärts. Täglich erfreuen Sie sich am Wachsen Ihrer Werke, genießen Sie jeden Augenblick.

Bleiben Sie geduldig, wenn etwas nicht klappt; das Gras wächst nicht schneller, wenn man daran zieht. Sie müssen nicht durchs Leben eilen wie zu Zeiten des Wahns. Verderben Sie sich nicht den Tag, indem Sie Vergangenes bedauern oder mit Sorge in die Zukunft blicken. Nutzen Sie die Zeit im Hier und Jetzt, denn wenn Sie heute vier Stunden vergeuden, sind diese weg und kommen niemals wieder.

Den Weg, den Sie gehen, ist der Ihre. Sie haben ihn bestimmt und nur Sie können ihn gehen. Akzeptieren Sie, wenn andere nicht Ihre Route nehmen; viele trotten mit der Herde, fühlen sich dort sicher und treten auf der Stelle. Den eigenen Weg zu gehen, das erfordert Mut. Er kann den Weggang vom Pfad der Masse bedeuten, die im Wohlfahrtsstaat allerdings in die Wüste führt.

Einige Akademiker erlernen Volks- oder Betriebswirtschaftslehre; das sind Lehren, wie man mit knappen Gütern umgehen soll. Die Methoden verwenden Regierungen und Firmen mit Erfolg oder ohne. Was ist ein kleines Unternehmen? Wie viele Leute arbeiten dort? Das kleinste Unternehmen ist eine einzelne Person. Lassen Sie uns an dieser Stelle die moralischen Bedenken (Mensch = Firma) außen vor.

So könnten Sie Ihre Bedürfnisse, Ihre Ziele wie ein Betriebswirt ansehen, um diese maximal zu erfüllen. Das bedeutet, dass Sie Ihre Kraft, Ihre Zeit, Ihr Geld für das verwenden, was Ihnen wertvoll ist. Und für das, was Ihnen nicht wichtig ist, verwenden Sie weder Zeit noch Mühe.

Kennen Sie das Fach Selbstwirtschaftslehre? Die Disziplin gibt es leider nicht. An Schulen wird alles Mögliche gelehrt, nur nicht, was Sie aus eigener Kraft tun können, um ein glücklicher und freier Mensch zu sein.

Wer profitiert davon? Oder warum können die Lehrer das nicht? Managen Sie sich selbst; so erreichen Sie Ihre Ziele und die anderen haben keine Chancen, Sie vor fremde Karren zu spannen. Sie leben nach Ihren eigenen Vorstellungen.

Einen besonderen Lehrer brauchen Sie nicht. Sie sind Ihr eigener Trainer.

Das Leben ist eine Reise, und zwar von der Geburt bis zum Grab. Ihre Wanderschaft erstreckt sich über Epochen, in denen Sie immer wieder Ihre Absichten verwirklichen. Sinn Ihrer Reise soll sein, Ihre Fahrt heiter und gesund zuzubringen.

Vergessen Sie nicht die Pausen: Müßiggang, Muße, Zeit zum Leben und ohne Ziel. In den Stunden arbeiten Sie nicht an Vorhaben; betrachten Sie die Welt wie ein Kind, spielen Sie, staunen Sie über Dinge. Halten Sie so die Balance zwischen Zielorientierung und Muße; frönen Sie hingegen nur dem Müßiggang, dann laufen Sie Gefahr, dass eine hässliche Fratze an die Tür klopft: die Langeweile.

Müssen Sie sich zu etwas zwingen? Nein. Wozu? Das Einzige, was Sie müssen ist sterben. Wenn Sie wie die meisten Leute einer Erwerbsarbeit nachgehen, egal ob selbstständig oder unselbständig, kann es vorkommen, dass Sie sich in den Allerwertesten stupsen dürfen, um in Gang zu kommen. Aber stoßen Sie sich selbst, weil es sonst andere tun. Wenn Sie wissen, warum Ihnen eine Angelegenheit Freude bereitet, dann kann die bitterste Schokolade schmecken.

Jeder ist für sein Glück selbst verantwortlich. Ein letzter Punkt fehlt, damit Sie lauslaufen: Das ist der Entschluss! Bremse lösen und abfahren. Gute Reise.

Kompakt

- Was gestern wichtig war, muss heute nicht mehr wichtig sein.
- Kümmern Sie sich um sich, um neu zu beginnen.
- Bringen Sie alles vom Kopf aufs Papier.
- Befriedigen Sie die Bedürfnisse, die Sie aus eigener Kraft bedienen können, das sind die notwendigen und die natürlichen Ansprüche. Lassen Sie los von nicht natürlichen und nicht notwendigen Bedürfnissen.
- Freuen Sie sich: Jeder Tag, an dem Sie nicht lachen, ist ein verschwendeter Tag.
- Erkennen Sie Ihre Werte in den drei Lebensbereichen:
  1. Was Sie sich selbst sind: Gesundheit, Tun, Unabhängigkeit...
  2. Was Ihre Nächsten betrifft: Kinder, Partner, Sexualität...
  3. Was Sie und Andere betrifft: Beruf, Einkommen, Ansehen...
- Leiten Sie von Ihren Werten konkrete Ziele ab, die Sie innerhalb eines Jahres erreichen wollen.
- Prüfen Sie, ob Sie die Ziele aus eigener Kraft erreichen können.
- Auf dem Weg bleiben Sie, indem Sie regelmäßig an Ihren Vorhaben bauen.
- Vergessen Sie Pausen und die Muße nicht. Das ist wichtig.
- Für Ihr Glück sind Sie zu einhundert Prozent selbst verantwortlich.

Wie bleiben Sie gesund, damit Sie Ihren Kurs halten können?

Teil III

Der Umgang mit sich selbst

7 Den Leibwächter wecken

So sorgen Sie für Ihre Gesundheit

> *„Soweit meine Kenntnis reicht, sehe ich keine Art von Menschen, welche so früh erkrankt werden und so spät genesen, als diejenigen, die den Ärzten in die Hände fallen. Selbst durch den Zwang, den sie in der Lebensführung vorschreiben, zerrütten und verderben sie die Gesundheit."*

Michel de Montaigne (1533-1592)

Sie denken, Sie sind in einem der besten Gesundheitssysteme der Welt versichert? Lassen Sie uns ein fiktives Experiment machen: Stellen Sie sich vor, das Prinzip der Krankenversicherung wird übertragen auf die privaten Automobile: Jeder Halter ist verpflichtet, eine Serviceversicherung abzuschließen - nicht zu verwechseln mit der Haftplicht, es geht um die Wartung eines Fahrzeuges.

Fiktion: Sie versichern Ihr Auto bei der Allgemeinen Autokasse (AAK) und zahlen einen Monatsbeitrag. Von Fall zu Fall legen Sie in der Werkstatt Ihre AAK-Karte vor, Ihr Auto wird gewartet, die Kosten erstattet die Kasse, um die Bezahlung müssen Sie sich nicht kümmern, das macht die AAK. Kommt Ihnen das Prinzip bekannt vor?

Angenommen, Sie fahren am Wochenende übers Land und im rechten Radkasten bollert es. Ihr Beifahrer: „Das hört sich nach Radlager an!". Wieder rumpelt es, Sie bemerken: „Mit der Fahrsicherheit spaße ich nicht, ich werde das checken lassen."

Am Montagmorgen fahren Sie zur Servicestelle. Sie reihen sich in die Warteschlange... Wenn Sie drankommen, überreichen Sie Ihre AAK-Karte und nehmen im Kundenzimmer Platz... und warten... Auf dem Tisch liegt die kostenlose Automobil-Umschau mit dem Untertitel „Lesen, was sicher macht!", Sie kennen den Slogan aus dem Radio; das neuartige Scheibenspray auf Seite zwölf überzeugt Sie, denn wissenschaftliche Studien führender Labore aus den USA zeigen, dass das Einsprühen der Frontscheibe Blendungen bei Nacht mindert. Das Spray ist leider keine AAK-Leistung, Sie kaufen das Mittel am Servicepoint für 49,95 Euro.

Im Warteraum sinnieren Sie, ob Ihr Sohn das richtige Fach studiert, wäre Automobiltechnik nicht besser als Maschinenbau? Der Arbeitsplatz ist sicherer, Gehalt und Ansehen sind höher, die Promotion zum Dr. mob. klappt in sechs Monaten, für den Dr.-Ing. sind drei bis vier Jahre üblich. Doktor ist aber Doktor...

Nach zwei Stunden kommt Dr. mob. Rundel zu Ihnen, der Fahrwerksexperte: „Gut, dass Sie gekommen sind! Wir haben noch keinen kritischen Defekt festgestellt, normaler Verschleiß eben, wir haben das Lager vorbeugend getauscht, damit Sie auf der sicheren Seite sind. Außerdem war der Ölwechsel fällig, lassen Sie sich einen Termin zur Nachkontrolle geben."

Sie bedanken sich und fahren zufrieden vom Hof, das Richtige getan zu haben. Die Werkstatt rechnet bei der AAK ab: Fallpauschale Radlager, Fallpauschale Ölwechsel, Fallpauschale Kundenberatung. Wie viel das ist, kümmert Sie nicht.

Was ist die Folge eines solchen Prinzips? Die Kosten steigen von Jahr zu Jahr, Sie zahlen zwangsweise höhere Beiträge, Sie warten länger auf einen Termin beim Getriebespezialisten, die Wartezimmer sind voll, das Werkstatt-Personal ist öfters gereizt, der Dr. mob. wirkt auf Sie arrogant. Der Betrieb wird so oder so bezahlt; wem das wohl nützt?

Verehrter Leser, nach dem gleichen Prinzip rechnet das sogenannte Gesundheitswesen Leistungen ab. Ärgern Sie sich nicht, dieser Kommunismus wird auf Dauer nicht funktionieren und zusammenbrechen.

Die Medizinhörigkeit

Was würde herauskommen, wenn Sie in Deutschland tausende Bürger fragen:
Wer ist für Ihre Gesundheit verantwortlich?

A: Ich selbst
B: Ich und mein Arzt
C: Mein Arzt

Ich tippe, dass 70 Prozent der Deutschen die Alternative B, gefolgt von C wählen. Die Art der Krankenversicherung hat die Bürger zu einem Volk gemacht, dass gern und oft zu Arzt rennt. Vergessen Sie nicht, dass über fünf Millionen Beschäftigte ihr Geld im „Gesundheitswesen" verdienen. Gehen Sie davon aus, dass niemand interessiert ist, Sie als Kunden zu verlieren.

Geschätzte zehn Prozent der Bürger sagen: Ich bin selbst für meine Gesundheit verantwortlich. Sie könnten einwerfen, dass erst die medizinische Versorgung ermöglicht hat, dass wir uns an einer hohen Lebenserwartung erfreuen. Es könnte jedoch daran liegen, dass wir seit zwei oder drei Generationen eines nicht kennen: Hunger. Denn wäre das Essen knapp, sänke die Lebenserwartung rasch um mindestens zehn Jahre.

Die Deutschen sind Weltmeister bei Arztbesuchen: 18mal pro Jahr besuchte 2008 ein Kassenpatient eine

Praxis, so das Hamburger Abendblatt. Die Anzahl würde sich meiner Meinung nach auf neun halbieren, wenn jeder Patient zwanzig Prozent der Rechnung aus eigener Tasche bezahlen müsste. Stellen Sie sich die Schlagzeilen vor: Ratlose Mediziner vor leeren Wartezimmern – neue Volksgesundheit führt zu Praxissterben – Massenentlassungen in der Pharmaindustrie. Mir sagte eine Ärztin für Allgemeinmedizin: „Ich könnte die Hälfte meiner Patienten wieder nach Hause schicken, weil die nichts haben!" Diese Aussage unterstreichen Kassenverbände.

Ich vermute, dass viele Menschen ihrem Arzt mehr vertrauen als sich selbst. Die Kasse zahlt, die Gehirnwäsche funktioniert perfekt!

Einspruch: Sie könnten entgegenhalten, ein Dr. med. sei intelligenter als der Durchschnittsbürger. Das sei so, denn nicht jeder könne Medizin studieren, für einen Studienplatz bräuchte man das Einserabitur und selbst das ist keine Aufnahmegarantie an der Universität.

Ich bin kein Arzt und habe trotzdem ein Einserabitur. Damit meine ich Eins Komma null, alles Eins. Ich war in einer Spezialklasse von Begabten und vertiefte Mathematik, Physik und Chemie. Zum Beispiel rechnete ich in der elften Klasse mit komplexen Zahlen und Differentialgleichungen. Meine Schulfreundin hat auch ein Einserabitur, Wurzeln aus negativen Zahlen ziehen, das musste sie nicht; Andrea studierte Medizin und ist Oberärztin für Anästhesie. Für mich war ihr Medizinstudium Leistungssport im Auswendiglernen. Sie sagte: „Wenn mir der Professor das Berliner Telefonbuch gibt und befiehlt: Lernen! Du würdest fragen wozu? Ich frage bis wann?"

Ich weiß, dass Andrea ihr Handwerk beherrscht, ich würde mir von ihr notfalls den Bauch aufschneiden lassen, aber sie würde mir nie vorspielen, sie wisse alles. Eher wäre sie erstaunt, würde ich weiße Kittel anbeten, zum Trottel mutieren, oder die Apotheken-Umschau lesen.

Sie können den Kopf schütteln und fragen, was dieses Beispiel soll. Will der Möller auf die Kacke hauen? Sie interessieren sich möglicherweise weder für Mathematik noch für Einserabiture. Meine Botschaft ist eine andere:

- Das umlagefinanzierte Krankheitssystem (Gesundheit ist das falsche Wort) fördert das Kranksein.
- Niemand aus dem Krankheitswesen möchte, dass Sie sich selbst helfen. Sie sind täglich der Gehirnwäsche ausgeliefert, dass Sie Medizin brauchen.
- Mit dem Zusammenbruch des Wohlfahrtsstaates wird das sozialistische System der Krankenversicherung zusammenbrechen. Das können Sie heute beispielsweise in Griechenland sehen, über ein Drittel der Ärzte ist arbeitslos.
- Sie werden sich künftig selbst um Ihre Gesundheit kümmern, wenn Sie dies nicht schon heute tun.
- Sie besuchen einen Arzt dann, wenn Sie allein nicht weiter kommen. Vorher tun Sie alles, um gesund zu bleiben.

Lassen Sie sich nicht irreführen

Sie könnten protestieren, dass solche Kritik am Krankheitswesen nur schreiben kann, wer gesund ist. Nur böse Menschen raten, weniger oder nicht zum Arzt zu gehen. Dem ist nicht so:

Ich habe Multiple Sklerose (MS) und ich bin nach gängiger Meinung unheilbar krank. MS betrifft das Immun- und Nervensystem, die Bandbreite der Symptome ist riesig: Mein Schulfreund beispielsweise verstarb Mitte zwanzig an einer aggressiven MS-Variante, andere Menschen werden achtzig, sterben und hatten nie gemerkt, dass sie MS hatten; in Deutschland regiert eine Ministerpräsidentin, die mit MS lebt. Das Spektrum ist breit, wobei der Ruf von MS schlimmer ist als die Krankheit selbst. Aber sie lädt ein, alle Leistungen des Krankheitswesens abzurufen – mögen mich andere Patienten und vor allem Ärzte für diese Aussage verlachen und beschimpfen.

Ich gehe pro Jahr einmal zum Hausarzt wegen einer Unterschrift für den Sport und einmal zum Zahnarzt zur Kontrolle.
Mein Hausarzt fragt, warum ich keinen Neurologen aufsuche. Ich antworte:
„Der Neurologe würde den Status prüfen, ein neues MRT anordnen und die Nervenbahnen vermessen."
Der Hausarzt nickt.
„Ich würde erfahren, dass ich MS hätte, was ich bereits weiß: Für die Information bekomme ich eine Rechnung von 1.500 Euro, der Selbstbehalt in meinem Tarif würde den Betrag schlucken. Das kann ich mir sparen!"
Der Hausarzt lacht: „Das können sie sich allerdings wirklich sparen."

MS ist die perfekte Krankheit zum Abkassieren, so kostet eine „Behandlung" pro Jahr 25 bis 30.000 Euro. Rechnen Sie aus, was die Verarsche über zwanzig Jahren kostet. „Die Verdummung beginnt mit den Worten: Den MS-Patienten wird empfohlen, sofort nach Diagnose mit einer Basistherapie zu beginnen. Therapie... das ist eine Heilbehandlung... Heilung... einer unheilbaren Krankheit? Das sieht ein Grundschüler, dass die Aussage falsch ist. Aber so werden Kranke verblödet und ich vermute, viele Mediziner glauben den Unfug selbst. Die Medikamente heißen beispielsweise Immunmodulatoren, treffender wäre die Bezeichnung Hormonspritzen mit Nebenwirkungen, Immunmodulatoren klingen aber absatzfreundlicher. Ich frage mich, wer diese Begriffe erfindet; ob der Manipulant nicht weiß, was ein Modulator ist? Die Beispiele könnte ich fortsetzen.

Tausend Nobelpreise für Ihren Arzt

Für Sie schafft der beste Arzt der Welt! Er ist 365 Tage im Jahr ausschließlich für Sie da, Ihr Privatarzt arbeitet täglich 24 Stunden ohne Unterbrechung jede Sekunde. Ihr Arzt ist Ihr Immunsystem, Ihr Körper besitzt unglaubliche Selbstheilungskräfte. Der Schulmediziner kann eine Wunde verbinden oder eine Blutung stoppen, wenn Sie sich geschnitten haben. Aber reparieren, den Schmerz stillen, die neue Haut bilden, das tut Ihr Körper. Nur er kann es; er weiß, wie es geht.

Bewundern Sie Ihren Körper, vertrauen Sie ihm. Gut, er wird älter und stirbt etwa nach achtzig Jahre, aber bis dahin macht er alles, damit Sie gesund leben, und zwar ohne Termin, ohne Wartezimmer, ohne Untersuchung, ohne Tabletten und ohne Versicherung. Ihr Körper ist die am perfektesten konstruierte Überlebensmaschine, die es auf der Welt gibt. Sehen Sie zum Beispiel die Wirbelsäule, das technische Wunderwerk überbietet alle Ingenieurskunst.

Es wäre falsch, die Leistungen der modernen Medizin schlecht zu reden, nur weil das Versicherungsprinzip dem Kommunismus ähnelt. Ärzte und Schwestern behandeln und pflegen jeden Tag ausgezeichnet, bei vielen Krankheiten ist die Schulmedizin alternativlos. Sie könnten beispielsweise eine Zahnwurzelentzündung nicht mit Pfefferminztee heilen, da hilft der Zahnarzt mit Bohrer und Füllung. Aber bei Volkskrankheiten wie Arthrose oder Diabetes versagt die Schulmedizin, weil sie Symptome kuriert, ohne zu heilen. Leider beginnen Behandlungen oft erst dann, wenn die Krankheit ausgebrochen ist.

Sie ersparen sich den Gang zum Mediziner, wenn Sie aus eigener Kraft alles tun, um gesund zu bleiben. Hören Sie auf die Stimme Ihres Körpers. Verstehen Sie, dass Sie den besten Arzt der Welt unter Vertrag haben! Seien Sie freundlich zu Ihrem inneren Heiler, dann arbeitet er jede Sekunde ausschließlich für Sie.

Alt werden ist keine Krankheit

Menschen sind Säugetiere und selbst wenn diese lesen können, ändert das nichts an der Tiereigenschaft. Das Los von Mensch und Tier ist dasselbe, am Ende wartet der Tod. Theoretisch könnte man einem Neugeborenen nicht nur die Geburtsurkunde erstellen, sondern auch den Totenschein mitgeben und anmerken, dass das Sterbedatum nachzutragen sei, wenn der Leib aufhört zu leben. Allerdings wäre das sehr sarkastisch.

In unserer Kultur wird der Tod verdrängt als etwas, was schlimm ist; die Ignoranz des Unvermeidbaren? Auf der Welt wohnen sieben Milliarden Menschen und jeden Tag sterben etwa 300.000 Leute an einem natürlichen Tod. Viele dieser Seelen möchten ihre Spuren hinterlassen, zum Beispiel ein Vermächtnis, viel Geld oder eine Immobilie. Befreit der Epochenwandel von der Geisteskrankheit, sich verewigen zu wollen?

Wissen Sie aber, der Schöpfer des Körpers ist gemein. Er hätte alle Technologien, den Leib jederzeit zu erneuern. Backenzahn verloren? Der Körper könnte einen neuen bauen, tut er aber nicht, der Leib wird solange alt bis er stirbt. Deshalb ist es lächerlich, wenn sich Erdenwürmer anmaßen, sich als die Krone der Schöpfung zusehen.

Mit dem Alter verliert jeder Mensch an Leistungsfähigkeit. Das ist so und Sie sollten sich nicht vor dem

Unvermeidbaren fürchten. Das gelingt, indem Sie realistische Ansprüche hegen und nicht nachtrauern, was Sie in der Jugend konnten.

Wenn Sie in Dresden das Hygienemuseum besuchen, dann können Sie in Holzgestänge kriechen und darin laufen. Die Klappgestelle simulieren, wie sich Ihr Körper bewegen würde, wenn er siebzig oder älter ist: gebückt, eingeschränkt, langsamer. Alt werden ist nichts für Jammerlappen, aber nicht schlimm, wenn Sie die Realität nehmen, wie sie ist.

Mit dem Bankrott des Wohlfahrtsstaates wird sich die Pflegeversicherung als unbezahlbar erweisen. Die Meinung „ich habe Anspruch, dass sich jemand um mich kümmert, wenn ich alt bin", ist eine Illusion. In den Werbebroschüren für Pflegeanstalten kommt das Fräulein Kati mit dem Rad, reicht Schnabeltassen und schüttelt Betten. Aber Kati wird nicht kommen: Erstens ist die Frau nicht da, zweitens ist sie mit der eigenen Familie beschäftigt und drittens kann das Fräulein keiner bezahlen.

Vermutlich wird es so sein, dass sich ältere Menschen gegenseitig pflegen - müssen. Warum nicht? In Klöstern funktioniert es, die Nonnen oder die Mönche betreuen sich untereinander bis in den Tod. Niemand hat Anspruch, dass ein Fräulein kommt und die Dielen wischt. In Zukunft wird die Familie wieder die Älteren pflegen.

Bewegen, bewegen, bewegen

Woran erkennen Sie einen gesunden Menschen, wie alt er auch sei? Bräuchten Sie eine ärztliche Diagnose? Ein Blutbild? Sie registrieren Gesunde nicht nur an einem entspannten Gesicht, sondern vor allem, wie diese sich bewegen. Im Freibad können Sie beobachten (ohne zu gaffen), wie Leute gehen: Schleift sich eine Person schwerfällig daher, oder gleitet sie über den Weg, setzt sie sich mühelos auf den Stuhl oder plumpst sie hinein?

Ein gesunder Körper ist agil und dazu braucht der Mensch keinen Physiotherapeuten. Das „Geheimrezept" sind die sieben „b": bewegen, bewegen, bewegen, bewegen, bewegen, bewegen, bewegen.

Das bedeutet nicht, dass Sie im Geschwindigkeitswahn durch die Stadt rennen sollen oder mit Stöcken auf den Asphalt hacken wie der Specht am Baum. Bewegung darf leicht sein und Freude bereiten. Braucht es eine bestimmte Sportart? Nein. Nehmen Sie wieder die Treppen statt dem Aufzug, gehen Sie spazieren, fahren Sie Rad, schwimmen Sie, laufen Sie zu Fuß zum Bäcker; es gibt unzählige Möglichkeiten, wo Sie sich bewegen können.

Erfüllung finden Sie, wenn Sie den irrigen Leistungsdruck wegnehmen. Sie müssen nicht zum Volksmarathon und mit einem Business-Team nach dreieinhalb Stunden im Ziel ankommen. Wozu? Für was?

Ich habe Ihnen verraten, dass ich MS habe, meine Gehfähigkeit ist bei Belastung eingeschränkt. Sport ist meine Art, mit MS umzugehen: Ich habe mit Geist und Körper eine stille Übereinkunft, dass „wir" uns jeden Tag mindestens eineinhalb Stunden bewegen. Der Körper lässt sich aber die Sportart nicht diktieren, weil er sonst streikt. Also frage ich „ihn", wie er sich heute bitteschön regen möchte. Wenn er Rad fahren will, dann will er radeln. Ich sage mir, ich führe den Leib Gassi, aber das ist meine (Eigen)art.

Finden Sie einen Trick, wie Sie sich überlisten. Denn auf den Wohlstandsmenschen lauert überall die Verführung, die fett und träge macht. Ich wiederhole die Aussage, nehmen Sie den blöden Leistungsanspruch raus. Sie können sich im hohen Alter bewegen, wenn es auch langsamer ist.

Beispiel: Angenommen, Sie wollten das Deutsche Sportabzeichen ablegen. Das ist keine Plakette vom Wanderverein, sondern eine Auszeichnung, und zwar für vielseitige körperliche Leistungsfähigkeit. Viele Krankenkassen zahlen für die Urkunde einen Bonus.

Sollten Sie Lust haben, das Abzeichen zu erlangen, dann wählen Sie in den Kategorien Ausdauer, Kraft, Schnelligkeit und Koordination eine Disziplin, die Ihnen liegt; ein Prüfer misst, was Sie drauf haben. Suchen Sie beispielsweise in der Kategorie Ausdauer Schwimmen aus, müssten Sie für Gold als zwanzigjähriger Mann 800 Meter schwimmen und dies in 15:00 Minuten. Dem 49-jährigen Mann genügen für Silber 27:50 Minuten, mit 50 müsste ein Mann noch 400 Meter schwimmen und ab 75 reichen 200. Außerdem muss es nicht immer Gold sein, es gibt Silber und Bronze. Sie sehen, die Messlatte berücksichtigt, dass Menschen älter werden. Entscheidend ist die Freude an der Bewegung.

Ich lege das Abzeichen zum sechsten Mal ab und ich habe dabei ältere Leute getroffen, die mit Spaß den Test machen und das beispielsweise zum 45. – mal. Und wissen Sie, die Damen und Herren sind gesund und sehen entspannt aus.

Kommen Sie von der falschen Fährte weg, die Lösung für körperliche Probleme beim Therapeuten zu suchen. Sie haben Rückenschmerzen? Wann waren Sie zuletzt Schwimmen? Vielleicht wäre das die bessere Therapie statt Salben und Pflaster.

Ihr Körper ist, was Sie essen

Der Schöpfer (egal, ob das für Sie Gott, Allah, Buddha oder die Evolution ist) sorgt, dass alle notwendigen Lebensmittel in freier Natur vorhanden sind. Wir erzeugen jedoch in der Industriegesellschaft eine Fülle an Nahrungsmitteln und erfinden laufend neue Speisefinessen. Das Problem ist nicht der Mangel, sondern der Überfluss. So essen wir uns jeden Tag einmal um den Erdball; Kiwis aus Neuseeland, Kaffee aus Peru, Äpfel aus Südafrika. Alle Leckereien müssen durch den Darm und landen zum Schluss im Abort.

Sie ernähren sich richtig, wenn Sie sich auf Ihre Natur besinnen. Das hört sich einfach an und das ist es. Nutzen Sie Ihren gesunden Menschenverstand! Ihr Verdauungsapparat ist perfekt konstruiert und hat sich seit Jahrmillionen bewährt.

Vergleich: Nehmen Sie einen Gliedermaßstab und falten Sie die Teile zu einer Leiste. Vor Ihnen liegen zwei Meter, also 2.000 Millimeter. Unsere Vorfahren, die Frühmenschen lebten etwa zwei Millionen Jahre, übertragen auf den Maßstab bedeutet das: Ein Millimeter entspricht 1.000 Jahren. Der Frühmensch hatte einen baugleichen Magen und Darm wie Sie und ich.

Überlegen Sie, was der Urmensch über Jahrtausende aß – und vor allem, was er nicht verzehrte. Ackerbau und Viehzucht gibt es seit etwa 20.000 Jahren, das wären die letzten zwei Zentimeter. Sehen Sie auf den Gliedermaßstab: Von Null bis Zentimeter 198 kannten unsere Vorfahren weder Brot noch Milch, sie lebten als Jäger und Sammler.

Die erste Zuckerfabrik gab es übrigens vor zweihundert Jahren, das sind winzige 0,2 Millimeter; aber Manipulanten gelang es, den Industrie-Zucker zum Grundnahrungsmittel zu erheben.

Welche Tipps finden Sie in Medien? Wenn Sie beispielsweise bei dem Buchhändler AMAZON nach „Diät" in Büchern suchen, landen Sie bei 7.560 Treffern. Stöbern Sie nach „Ernährung" spuckt die Datenbank 17.172 Titel aus. Wie sollten Sie das Richtige finden?

Unmöglich, fangen Sie am besten nicht damit an. Für mich ist diese Vielfalt die Kotze des Überflusses.

Mit der Zeitwende werden Logistikketten brechen und das Sortiment an Speisen wird schrumpfen. Warum nicht? Verschwinden werden die frischen Papaya, die jeden Morgen aus Südamerika eingeflogen werden. Statt zu Flug-Obst zu greifen, nehmen Sie wieder heimische Äpfel, denn schließlich wollen Sie kein Kerosin naschen.

Übrigens: Ich kenne keinen MS-Patient, der nicht der Frage nachgeht, ob MS von der Ernährung kommt. Die Schulmediziner verneinen zwar den Zusammenhang, kennen aber die Ursache der Krankheit nicht; das ist ein Widerspruch in sich. Es gibt mehr als fünf MS-Diäten und zu jeder einen Heldenbericht von Einem, der angeblich geheilt ist. Die eine Diät streicht das Getreide, weil es die Gedärme verklebt, die andere Diät streicht das Fleisch, weil es Entzündungen begünstigen könnte. Würde ich aus allen Vorschlägen die Gemeinsamkeiten filtern, dann blieben Wasser, Obst und Gemüse. Davon wird selbst der Urmensch nicht satt.

Auf dem Weg zur gesunden Nahrung kommen Sie nicht umhin, Ihre Natur zu befragen.

Gedanken-Experiment: Stellen Sie sich vor, eine Maschine würde Ihren Verdauungsapparat reinigen und in den Urzustand zurückversetzen. Alles an Ihnen ist wie vor hunderttausend Jahren.

Sie wären ein Frühmensch, zum Beispiel die Frühmarie oder der Frühhorst. Sie haben Hunger und gehen in einen Supermarkt. Dort laden Sie in den Korb, was Ihr Körper kennt. Sie stürzen sich auf alle vertrauten Lebensmittel, die Sie mögen. Essen ist das schönste Vergnügen, vorgestern wie heute. Sie nehmen Äpfel, Birnen, Beeren, Salat, Gurken, Knollen, Kräuter, Wurzeln... Brot? Was ist das? Sie wissen es nicht und lassen die ovalen Braunlinge liegen. Sie kennen Fleisch! Lecker. Geflügel, Wild, Rind, Schwein... Ihr Korb wird voller und voller. Kuhmilch? Was ist das? Ach ja, die Muttermilch eines anderen Säugetiers, pfui Teufel; Käse? Vergammelte Sekrete der Kuh, komisch. Für Babys ist die Muttermilch das beste Lebensmittel, aber von einem fremden Viech? Niemals. Fisch landet in Ihren Korb, lecker... Eingetütetes Beutelessen kennen Sie nicht, deshalb laufen Sie vorbei an den bunten Regalen. Natürlich nehmen Sie Nüsse und fettes Fleisch - schließlich besteht Ihr Hirn zu 60 Prozent aus Fett. Sie wundern sich, was Ihre Nachfahren in sich stopfen und warum die so dick sind.

Wären so die Vorfahren durch den Markt gegangen? Sie könnten Parallelen zur Low–Carb-Diät erkennen, zur Paleo-Kost, oder zur Logi-Ernährungspyramide. Wie auch immer, der Schöpfer hat uns Menschen so gebaut, dass wir in freier Natur alles finden, was zum Leben nötig ist.

Entwickeln Sie Ihre Ernährung zurück zu den Wurzeln. Ihr Geist mag zwar noch nicht dort sein, aber Ihre Zunge war schon immer da: Sie brauchen keine Ernährungsratgeber, Ihr Körper weiß, was gut ist.

Das natürliche Essen schmeckt und ist bekömmlich, Sie haben kein Übergewicht, selbst wenn Sie sich den Bauch vollschlagen. Gluten und Laktose kommen in Ihrem Essen nicht vor, deshalb haben Sie keine Schwierigkeiten mit dem Zeug. Sie essen keine Geschmacksverstärker, weil Ihre Zunge diese Potenzkrücken nicht kennt. Sie trinken, wenn Sie Durst haben; Ihr Essen ist gesund, lecker und preiswert.

Am Anfang mag die Rückkehr zur eigenen Natur seltsam erscheinen (kein Käse?), aber wenn Sie Schritt für Schritt die Gehirnwäsche ausspülen, dann fragen Sie sich, warum Sie vorher das Industriefutter aßen. Sie werden den Umstieg nicht bereuen, Ihr Körper wird Ihnen hundertmal danken, denn er bekommt den Treibstoff, den der Schöpfer für ihn vorsieht.

Ihre Gedanken sind Ihr Schicksal

Ihr Körper ist, was Sie essen und wie Sie sich bewegen. Aber das reicht nicht, Sie sind auch, was Sie denken.

Krankheiten des Körpers wurzeln oft in einem verstimmten Geist. Denken Sie an Redensarten wie „das hat mir auf den Magen geschlagen" oder „davon bekomme ich Kopfschmerzen" oder „das bereitet mir schlaflose Nächte". Die Weisheiten beschreiben, wie sich der Verdruss in den Gedanken auf den Leib niederschlägt. Nicht umsonst sagt man, Ärger ist die Delegation der Problemlösung an die Eingeweide.

Gehen Sie sorgsam mit Ihren Gedanken um! Sie sind deren Eigentümer, nur Sie können diese verändern – zum Guten und zum Schlechten. Auch wenn ein anderer Sie runterzieht oder manipuliert, letztlich sind Sie es, der zustimmt oder ablehnt.

Es gibt massenhaft Bücher über positives Denken; die Werke sind weder falsch noch unangebracht, in diesem Kapitel nenne ich Aspekte, die mir wichtig erscheinen.

Vermeiden Sie negative Formulierungen, wobei ich nicht meine, Sie sollten sich die Welt rosamalen. Wenn Ihnen etwas missfällt – im untergehenden Wohlfahrtsstaat wird das viel sein, dann umschreiben Sie es humorvoll. So tun Sie Ihrem Gemüt einen Gefallen; sagen Sie nicht „alle Politiker sind Idioten und die Banker habgierige Verbrecher", beschreiben Sie lieber „Politiker und Banker sind jederzeit bemüht, im Rahmen Ihres Verstandes das Beste zu wollen".

Malen Sie sich ein Lächeln ins Gesicht, anstatt grimmig zu gucken.

Streifen Sie ab, was die Seele belasten kann - meistens sind es Schuldgefühle. Aber Sie sind nicht verantwortlich, wenn Europa zerfällt und die finanzielle Schuldenbombe explodiert. Sie haben das Theater nicht angezettelt.

Treffen Sie Menschen, loben Sie, anstatt zu tadeln. Mit Emotionen der Erhabenheit, des Hochmuts und dem Vergleichen tun Sie sich nichts Gutes. Ob sich einer etwas einbildet, weil er einen akademischen Titel hat oder nicht, was soll der Blödsinn? Arm wäre der Hochnäsige, weil dieser seine Gedanken vergeudet. Meiden Sie Wut und Zorn, das belastet die Seele. Wenn Sie sich heilen, dann gehen Sie sorgfältig mit Ihren Denkweisen um. Ihr Körper merkt, wenn Sie schlecht über ihn denken.

Das Unterbewusstsein zeichnet alles auf, es ist ein riesiges Lager von Ideen und Freuden. Dort ruhen auch die Trümmer der Hamsterräder. Entscheidend ist, dass Sie den toten Wahn auf dem Friedhof der Emotionen lassen; es wäre dumm, wenn Sie Ihren Seelenfrieden opfern. Widmen Sie Ihre Kraft den Möglichkeiten.

Begrüßen Sie jeden Tag froh gelaunt. Freuen Sie sich! Lassen Sie sich ein Ritual einfallen. Sie könnten zum Beispiel in den Spiegel rufen: „Guten Morgen, liebe..." oder öffnen Sie das Fenster und rufen Sie heraus „Guten Morgen, liebe Sonne" oder „Danke, lieber Regen, dass du die Luft wäschst..."

Beginnen Sie nie eine Arbeit, bevor Sie nicht wissen, warum Sie Freude macht; Sie erledigen Ihr Tagwerk leichter mit positiven Gedanken. Und so bleiben Sie selbst an trüben Tagen gesund:

- Nehmen Sie sich jeden Tag Zeit für sich.
- Legen Sie Pausen ein.
- Leben Sie im Hier und Jetzt.
- Denken Sie mehr an sich und weniger an die Welt draußen.

- Meiden Sie Miesepeter, gehen Sie Schwarzsehern aus dem Weg.
- Lachen Sie, wann immer Sie können, zuerst über sich und danach über die Welt.
- Freuen Sie sich am Essen und am Bewegen.
- Schlafen Sie ausreichend.

Setzen Sie sich bei allem nicht unter Druck, Sie würden sich mehr schaden als nutzen. Wenn Sie die hundert Prozent nicht schaffen, dann erfreuen Sie sich an siebzig. Sollten Sie krank sein, weil eine Grippe umgeht, dann lassen Sie Ihr Immunsystem ran. Üben Sie sich in Geduld, denn wie Schopenhauer treffend sagt:

„Es gibt Krankheiten, von denen man gehörig und gründlich nur dadurch genest, dass man ihnen ihren natürlichen Verlauf lässt, nach welchem sie von selbst verschwinden, ohne eine Spur zu hinterlassen."

Um zu prüfen, ob Sie gesund sind, brauchen Sie sich nur zwei Fragen stellen:

1. Habe ich gut geschlafen?
2. Hatte ich guten Stuhlgang?

Wenn Sie mit Ja antworten, dann ist bei Frage eins Ihr Geist beruhigt, bei zweitens ist Ihr Körper fit. Mehr brauchen Sie nicht.

Kompakt

- Das aktuelle System der Krankenversicherung fördert mehr Krankheit statt Gesundheit.
- Jahrelange Gehirnwäsche führt dazu, dass viele Menschen der Schulmedizin mehr trauen als sich selbst. Das wird sich wieder ändern.
- Für Ihre Gesundheit sind Sie verantwortlich.
- Ihr Immunsystem ist der beste Arzt der Welt.
- Alt werden ist keine Krankheit, ihre Leistungsfähigkeit nimmt mit dem Alter ab – das ist normal.
- Sie halten Ihren Körper fit, in dem Sie sich bewegen, bewegen, bewegen.
- Sie essen gern und lustvoll die Lebensmittel, die Ihrer Natur entsprechen.
- Sie sorgen dafür, dass Sie der Welt mit Freude begegnen.

Was hindert Sie, loszulegen?

8 Fesseln abwerfen

So trennen Sie sich vom Ballast

„Sokrates: „Sag uns doch bitte, lieber Antisthenes, warum du dir so viel auf deinen Reichtum einbildest, wo du doch so wenig hast."

Antisthenes: „Weil ich der Meinung bin, meine Herren, dass Reichtum und Armut nicht im Hausbesitz liegen, sondern in der Seele. Ich sehe viele Individuen, die sich, obwohl sie sehr viel Geld besitzen, für so arm halten, dass sie keine Mühe, kein Risiko scheuen, um noch mehr zu besitzen...

Ferner weiß ich von Herrschern, die so nach Reichtum dürsten, dass sie schlimmere Verbrechen begehen, als man dem ärmsten Bettler zutrauen würde. Aus lauter Bedürftigkeit, bitte sehr, stehlen sie, brechen ein, versklaven ihre Mitmenschen...

Ich muss sagen, sie tun mir leid, denn sie sind schwer krank. Es geht ihnen ja ganz ähnlich, meine ich, wie einem, der sich dauernd vollstopft und doch nie satt wird. Ich dagegen besitze so wenig, dass ich selber das Wenige kaum finden kann, und dennoch habe ich mehr als genug, um zu essen, zu trinken und mich so anzuziehen, dass ich im Freien nicht stärker friere als unser lieber Kallias, der Millionär...

Ja, und mein erlesenster Besitztum ist, wie ihr wisst, meine Muße, die mir immer erlaubt, das Sehenswerte zu sehen und das Hörenswerte zu hören und – was mir am meisten bedeutet – nach Belieben ganze Tage mit Sokrates zuzubringen. Er schätzt seinerseits die Leute nicht, die über viel Gold abrechnen, sondern er verbringt seine Zeit mit denen, die ihm gefallen."

Quelle: Luck, G.: Die Weisheit der Hunde, S. 62-63.

Die Szene ereignet sich etwa vierhundert Jahre vor unserer Zeitrechnung in Athen. Antisthenes ist Schüler von Sokrates, er gilt als Begründer der Philosophie der Kyniker. Diese ist weder eine Verschwörungstheorie noch eine spezielle Religion, sondern der Kynismus ist eine Lebensweise. Die Gedanken von Antisthenes und seiner Jünger wirken über Generationen bis in das neunte Jahrhundert und das Christentum.

Was sagen die Kyniker? Sie verspotten die Gier nach materiellem Besitz, sie verlachen das Verherrlichen von Ansehen, Status und Macht, sie karikieren die Rangeleien um das Geld. Ein göttliches Leben zu führen, bedeutet für die Kyniker, keine oder wenige Bedürfnisse zu haben. Übrigens, die Philosophie entsteht zur Blütezeit des antiken Athens: So wie heute ist es vor zweieinhalbtausend Jahren der Lebensinhalt, ein Vermögen anzuhäufen, ohne auf Prunk, Status und Häuser aus Marmor zu verzichten. Antisthenes und seinen Schülern entgeht nicht, in welchen Hamsterrädern die Bürger strampeln. Die antiken Tretmühlen sind den unsrigen ähnlich.

Blockaden im Hirn verwerfen

Mit dem Epochenwandel steigen Sie entweder freiwillig aus den Hamsterrädern oder Sie werden rausgeworfen. So können die Spareinlagen flöten gehen, die Bank ist pleite, oder die Sparkasse verlangt zusätzliche Kreditsicherheiten, weil die Häuserpreise in den Keller rasen. Oder der Arbeitsplatz bricht weg, weil die High-Tech-Firma schließt, denn die Welt braucht den neumodischen Plunder nicht oder die Kunden können nicht zahlen. Oder, oder, oder... Den Untergang des Wohlfahrtsstaates mit seinen Schulden, Zockerbuden und Sozialkassen wird jeder mitbekommen.

Sie haben Ihre Werte betrachtet und Ziele formuliert. Sie wissen, wo Sie hin wollen, mögen die Zeiten stürmisch sein. Was hindert Sie, loszulegen? Bekanntlich beginnen Veränderungen im Kopf, und zwar im eigenen. Das bedeutet umgekehrt: Veränderungen starten nicht, solange Blockaden behindern. Das ist vereinfacht gesagt wie mit einem Auto, das erst losfährt, wenn die Bremsen gelöst sind. Sie könnten einwenden, das klingt gut und ist doch zu einfach, aber vergessen Sie nicht, dass jahrelange Gehirnwäsche mehrmals behandelt werden muss, damit der Kopf wieder frei wird.

Das Gute an Denkblockaden ist, dass es nur eine Strategie gibt: Loswerden! Das kann viel mehr Genuss bereiten, als um den Brei herumzulaufen. Man muss nur wissen, um welche Blockaden es geht:

Krankheiten, seelischer Schmerz, Angst:
Das Thema ist so wichtig, deshalb habe ich ihm ein ganzes Kapitel (7) gewidmet und vorangestellt.

Überproduktion von Geld:
Wer redet Ihnen ein, Sie müssten mehr Geld scheffeln, als Sie brauchen? Ihre Frau oder Ihr Mann? Ihre Eltern? Fragen Sie diese „Lehrer", wozu oder für wen Sie anschaffen sollen. Wenn der Ökonom immer noch erzählt, dass Ihre Bedürfnisse unbegrenzt seien, dann lachen Sie den Suppenkaspar aus.

Überinformation:
Denken Sie an Ihre Urgroßeltern: Waren die Alten hilflos, dumm und unglücklich, weil Sie kein Smartphone hatten? Fehlten den Uromas die Nachrichten aus Timbuktu in 32 Fernsehsendern? Vermutlich würden sich die Alten über die Enkel wundern, wozu die Lampen, Ampeln, das Bimmeln und Klappern nötig sei. Sie brauchen den Daten-Smog nicht.

Langeweile und fehlende Entschlusskraft:
Sehen Sie Ihre Ziele. Stellen Sie sich vor, wie gut Sie sich fühlen, wenn Sie erreichen, was Sie vorhaben. Gehen Sie Ihren Weg und Sie haben keine Zeit, um sich zu langweilen. Sollten Sie Trübsal blasen, dann kommen Sie in die Gänge, in dem Sie den Entschluss fassen, sich wieder Ihren Plänen zuzuwenden. Den mentalen Störenfried verscheuchen Sie, indem Sie laut „Schluss damit" sagen.

Hektik und Eile:
Sagen Sie Effizienzaposteln, was sie sind: Idioten, denen das Papiergeld und die Schulden um die Ohren knallen. Lachen Sie über den Hektiker, der Ihnen erklären will, Zeit sei Geld. Sie müssen nicht in die Zukunft rennen, um der Erste am Grab zu sein.

Ruhm- und Geltungssucht:
Ansehen entsteht in der Meinung fremder Leute. Wenn Sie nach Ruhm streben, laufen Sie Hirnphänomenen anderer Menschen hinterher: Was könnte der Chef denken? Oder die Nachbarn? Was die meinen, wissen Sie erstens nicht und zweitens können Sie es nicht ändern.

Kämpfe und Zwang:
Sie würden Ihr Gemüt nutzlos aufreiben, wenn Sie sich in Rangeleien verhaken. Die Folge wäre, dass Sie nachts schlecht schlafen. Gehen Sie Konflikten aus dem Weg; wer kämpfen will, hat schon verloren. Oder er nimmt Psychopharmaka.

Werden Sie Ihre Blockaden los, gleichgültig ob auf einmal oder Schritt für Schritt. Ihr Lohn ist Unabhängigkeit! Sie vermissen nichts, Sie erwarten nichts, Sie hoffen nichts - Sie sind frei.

Die Kyniker treiben das Streben nach Bedürfnislosigkeit allerdings bis zum Exzess. Ich glaube nicht, dass es erstrebenswert ist, wie Diogenes (Schüler von Antisthenes) in Athen in einem Fass zu wohnen. Die Überlieferungen laden jedoch zum Schmunzeln ein:

Alexander der Große hört von Diogenes; er will nicht glauben, dass dieser Mensch behauptet, keine Bedürfnisse zu haben. Der Feldherr steigt aus seinem Palast herab in die Stadt, läuft zu der Tonne, in der Diogenes haust: „Ich bin Alexander, du sagst, dass du nichts brauchst… ich erfülle dir jeden Wunsch, den du mir stellst." Diogenes antwortet: „Rück ein Stück und geh mir aus der Sonne." Das war alles. Der König soll so beeindruckt sein, dass er sagt: „Wäre ich nicht Alexander, dann wäre ich Diogenes."

Die Kyniker haben das Ziel, wie Herakles ein gottähnliches Leben zu führen. Das heißt, möglichst wenige Bedürfnisse bedienen zu müssen. Meiner Meinung nach sind die Gedanken Ansporn, sich den Pseudoansprüchen im Wohlfahrtstaat zu entledigen, bevor die Realität diese zertrümmert.

Der Weg dahin ist schlicht: vereinfachen, verzichten, vereinfachen, verzichten, vereinfachen. Wieso müssen Sachen kompliziert sein?

Hau den Krempel weg!

Bevor Sie fragen, was Sie wirklich brauchen, erkunden Sie, was Sie nicht benötigen: Was hat sich überholt? Was belastet? Was steht rum? Welche Dinge haben Sie gekauft und nie verwendet? Jedes Jahr werden die Wohnungen größer, die Autos schwerer, die Koffer breiter, es wird gepackt, gestopft und geschleppt. Der Mensch ist das einzige Säugetier, das rumschleppen muss. Wozu?

Die Rockband „Silbermond" textet in ihrem Lied „Leichtes Gepäck":

> *„Eines Tages fällt dir auf,*
> *dass du 99% nicht brauchst.*
> *Du nimmst all den Ballast*
> *und schmeißt ihn weg,*
> *Denn es reist sich besser,*
> *mit leichtem Gepäck."*

99 Prozent Ballast, was für eine Zahl! Schauen Sie in Ihre Wohnung: Ob 70 oder 90 Prozent Krempel, der Liedtext ist Fingerzeig auf Ballast. Wie sieht Ihr Keller aus? Ist er vollgestopft mit Möbeln und Tüten voller Klamotten? Liegt die alte Kaffeemaschine noch dort? Oder geht der Küchenschrank mit Druck zu, weil die Fächer überfüllt sind mit Plastikschüsseln? Und wenn Sie sagen, dass bei Ihnen alles seine Ordnung hat: Finden Sie innerhalb von dreißig Sekunden, was Sie brauchen, oder müssen Sie wühlen?

Beispiel: Dieter Kunicke aus Konstanz erzählt von seinem Elternhaus: „Die Schränke sind voll mit neuen Tellern und Tassen, feinstes Porzellan, beste Ware - nie benutzt. Zum Essen nehmen wir aber die alten Teller, seit meiner Kindheit kenne ich die."

Kunicke schüttelt den Kopf, manche Tassen haben einen Sprung, aber die Mutter weigert sich, neue auf den Tisch zu stellen. „Sie klebt abgebrochene Henkel wieder an!". Dieter Kunicke demonstriert, als würde er Kabarett spielen: „Ich lasse regelmäßig einen Teller auf den Boden sausen, so dass er zerdeppert. Danach entschuldige ich mich für das Missgeschick und nehme Mama in den Arm".

Seine Mutter betont, dass er den Hausrat erben würde und deshalb müsse sie sorgfältig sein. Der Sohn meckert, die Mutter kauft noch mehr Porzellan; er befürchtet, dass er im Erbfall mit fünf Müllcontai-

nern anrücken muss, denn seine Verwandten sam-
meln selbst Kinkerlitzchen. „Hilfe, niemand braucht
das Zeug!"

Krempel finden Sie im Wohlfühlstaat überall. Viele
Büroarbeiter zum Beispiel wühlen an vollen Tischen,
die meisten Schreibtische sehen aus wie Papierkörbe
mit Schubladen. Der Computer suggeriert zwar, dass
er vieles einfacher macht, meiner Erfahrung nach
suchen die Leute Stunden in elektronischen Daten-
friedhöfen.
   Überflüssiges Zeug werden Sie mit einer Methode
los: Wegschmeißen! Je nachdem, von wo Sie starten,
empfehle ich Ihnen einen der drei Wege:

1) Sie öffnen Ihre Schränke und Schubläden: Was
haben Sie im letzten Jahr nicht getragen oder ange-
habt? All die unbenutzten Sachen werfen Sie weg.
Sollten Sie bei einem Gegenstand in Ihrer Entscheidung unsicher sein, dann sammeln Sie das Zeug in
einem separaten Karton. Wenn Sie nach einem Jahr
feststellen, dass der Kasten zu blieb, dann schmeißen
Sie die komplette Kiste weg, vermutlich wissen Sie
nicht mehr, was drin ist.

2) Stellen Sie sich vor, Sie ziehen um. Vielleicht wollen
Sie mit Ihrer neuen Liebe unter einem Dach wohnen.
Malen Sie sich aus, Sie würden alles, was Ihnen wich-
tig ist, in zehn Umzugskartons packen. Dann sehen
Sie auf die Sachen, die keinen Platz gefunden haben.
Nehmen Sie Abschied und werfen Sie das Zeug weg.

3) Dieser Weg eignet sich für Leute, die über Jahre
ihre Bleibe so vollgesammelt haben, dass die Methode
sinnvoll ist: Verfrachten Sie die Habe vor die Tür.
Oder werfen Sie den Kleiderschrank um, so dass alles
auf den Boden fliegt. Räumen Sie nur die Sachen wieder ein, die Sie anziehen. Bringen Sie nur die Möbel

zurück in die Wohnung, die Sie nutzen. Den Rest entsorgen Sie. Möglicherweise stellen Sie fest, dass drei Zimmer leer sind.

Planen Sie für eine Entschlackungskur zwei oder drei Tage. Sie zweifeln, weil Sie für den Quatsch keine Zeit hätten? Dann denken Sie daran, wie viele Tage, Wochen und Monate Sie verbrachten, um Kram zu sammeln, hinzustellen, abzuputzen, umzustellen, aufzuräumen... Sagen Sie lieber: „Was ich nicht habe, muss ich nicht in Ordnung halten."

Raus aus Schulden – bevor es zu spät ist

Sie wissen: Die Zentralbanken schöpfen mit der elektronischen Druckerpresse laufend neues Geld, kaufen Anleihen von scheintoten Staaten und Firmen, lassen die Zinsen bei null dümpeln; die Banken multiplizieren den Schwindel. Schlussendlich schafft das wertlose Geld die Wohlfühldemokratie ab und führt in den Bürgerkrieg. Sie können das nicht verhindern, doch müssen Sie nicht bis zur letzten Minute dabei sein wie die Heizer auf der Titanic.

Vielleicht glauben Sie (noch), dass bis 100.000 Euro ein Gesetz Ihre Ersparnisse schützt. Das dachten die Sparer 2013 in Zypern auch. Beachten Sie, dass Friseure, Taxifahrer und Bäcker sehen mussten, wie sich ihre Altersvorsorge in Luft auflöst. Sind das die megareichen Oligarchen aus Russland, wie Ihnen die Presse vorgaukelt?

Die meisten Kollegen, Freunde und Nachbarn können nichts zurücklegen, denn sie leben von dem Geld, welches jeden Monat reinkommt. Das Girokonto ist bei vielen am Monatsende auf null. Aber ich kenne Angestellte, die im Jahr über hunderttausend Euro verdienen und deren Konto in den Miesen hängt. Das sind Leute, die von der Konsumseuche befallen sind und permanent den neuesten Schnickschnack kaufen. Lassen Sie sich nicht beeindrucken.

Geben Sie nie mehr aus als Sie einnehmen. Wenn Sie sparen, dann meiden Sie jegliche Form von Papier: Bits und Bytes auf Bankfestplatten, Derivate, Fonds... Das sind Versprechen, die mit einer Währungsreform gebrochen werden. Kaufen Sie Sachwerte, die Sie anfassen können. Das muss nicht ein Kilo Gold sein (Barren und keine Zertifikate!) oder ein Hektar Wald. Selbst ein Student kann jeden Monat eine Unze Silber für ca. 15 Euro zurücklegen. Sachwerte sind die Speicher, um eigenes Vermögen zu retten, egal ob dies groß oder klein ist. Misstrauen Sie sogenannten Anlageberatern, wenn diese Ihnen Papiermist anpreisen.

Meiden Sie jede Form von Schulden. Nach dem Kollaps wird es einige Jahre keinen Kredit geben; Schulden wird man als etwas betrachten, was man mit der Mistgabel anfasst. Sie könnten einwerfen, dass es Kredit braucht, um beispielsweise eine Immobilie zu finanzieren. Meiner Meinung nach ist der Aberglaube größer als der Realitätssinn: Viele Eigentümer brüsten sich, das Haus gehöre ihnen; doch solange die letzte Rate nicht getilgt, solange die Grundschuld eingetragen ist, solange gehört die Wohnung der Bank.

Versuchen Sie, alle Kredite zu tilgen, bevor es knallt. Nur so sind Sie unabhängig. Keine Schulden zu haben, bedeutet finanziell frei zu sein. Ist es nicht beruhigend, wenn Sie sagen können: „Meine Eigenkapitalquote beträgt hundert Prozent." Ich höre die Zwischenrufe, wie töricht das sei, denn Chancen auf Rendite lägen brach... Wussten Sie übrigens, dass 70 Prozent der Immobilienmakler zur Miete wohnen?

Durchforsten Sie Ihre Ausgaben und streichen Sie, was Sie nicht brauchen. Beginnen Sie mit den Versicherungsscheinen: Küchengeräteversicherung? Fahrraddiebstahlversicherung? ... Notwendig? Der Makler meint ja, aber Sie? Der Volksmund sagt, von der schwäbischen Hausfrau lerne man das Sparen. Ich lebe in Baden Württemberg und ich stimme zu, dass Schwaben mehr auf den Preis gucken als ein Kölner. Aber es stimmt nicht, dass Schwaben sparsam sind.

Beispiel: Ich rede mit einem Gesellschafter einer schwäbischen GmbH vor dem Gebäude seiner Firma. Er zeigt auf den Parkplatz, auf dem die neuesten Oberklassefahrzeuge der Angestellten stehen: „Ich weiß genau, was jeder hier im Monat verdient." Er schüttelt den Kopf: „Und wenn die Leute den Kitt aus den Fenstern fressen müssten, sie blechen lieber für die Karre!"

Mein Tipp: Achten Sie auf die Kündigungsfristen: Wann können Sie sich von einer Ausgabe trennen? Wie lange sind Sie an Zahlungen gebunden? Mit gestreckten Fristen werden die vermeintlich „Sparsamen" über den Tisch gezogen, ohne dass ihnen das bewusst ist.

Beispiel: Chris Abicht zeichnet einen vorgeblich günstigen Handyvertrag, er bekommt das neue Mobiltelefon für 44,49 Euro. Ein gutes Geschäft denkt Chris. Der Vertrag hat eine Laufzeit von zwei Jahren. Deshalb zahlt Abicht mit seiner Unterschrift 24 mal 44,49 gleich 1.067,76 Euro. Das ist der Abschluss. Wie auch immer, sollte er sparen müssen, könnte Abicht das nicht, denn die Papiere binden. Chris schluchzt, denn sein Vertrag im Fitnessstudio ist ähnlich konstruiert, gleichsam die Leasingrate für das Auto, die Playstation, die Ledersitzgruppe... Letztlich fesseln die Raten über zwei Drittel seines Einkommens.

Trauern Sie den Zeiten nicht hinterher, in denen Gelderwerb, Konsum auf Pump und Leasing das A und O sind. Überzogenes Erwerben ist Frondienst für andere; für Sie sollte Geld ein Tauschmittel sein, mit dem Sie kaufen, was Sie brauchen. Mehr nicht.

Zeiträuber verjagen!

Was ist im Leben begrenzt? Erstens die Gesundheit und zweitens die Zeit. Beides endet mit dem Tod. Wird der Mensch geboren, dann ist das so, als wäre eine Spieluhr aufgezogen, auf der zirka 80 Jahre eingestellt sind. Die Uhr tickt Minute für Minute. Tick tack, tick tack, tick tack... Wenn es klingelt, kommt der Sensenmann mit der Urne; das war das Leben.

Jeder hat die Wahl, ob er seine Jahre absitzt und auf den Tod wartet: Man kann den Tag mit Jammern, Konsum oder Schnaps verplempern, oder man nutzt den Tag, um etwas mit Freude zu machen.

Verlorene Tage können nicht nachgeholt werden, Vergangenes wird nie wieder kommen. Seien Sie deshalb ein Geizhals, wenn es um Ihre Zeit geht. Denken Sie beispielsweise an die Stunden, die Sie in Besprechungen abgesessen haben.

Seneca, der römischer Philosoph, sagt: „Ich wundere mich oft, wenn ich sehe, dass man andere bittet, uns ihre Zeit zu widmen, und dass die darum Ersuchten sich so überaus gefällig erweisen... Mit dem allerkostbarsten Besitz geht man um wie mit einem Spielzeug. Die Täuschung kommt daher, dass die Zeit etwas Unkörperliches ist und nicht mit dem Auge wahrgenommen wird; daher die geringe Achtung, in der sie steht, ja ihre völlige Wertlosigkeit. Jahresgehälter und Geldzahlungen lässt man sich gern gefallen und vergilt sie durch seine Arbeit, seine Mühe, seinen Fleiß: Die Zeit aber wird von Niemanden recht geschätzt; man vergeudet sie, als ob sie nichts wert wäre.“

Blicken Sie zurück: Wohin haben Sie Ihre Zeit gesteckt? Sind Sie auf der Welle geritten, dass sie angeblich Geld sei? War es das wert? Das Verherrlichen von Arbeitszeit kennzeichnet den fröhlichen Arbeitssklaven. Man muss das klar benennen, damit man davon loskommt.

Nietzsche sagt: „Wer von seinem Tag nicht zwei Drittel für sich selbst hat, ist ein Sklave."

Demnach würden Sie auf der Straße, in den Büros und Fabrikhallen überwiegend Sklaven sehen. Doch ist es naiv zu glauben, dass in zehn Jahren alle Abhängigen zu freien Bürger mutieren, die Herr über ihre Uhr wären. Aber die Worte Nietzsches stoßen an, über die eigene Zeit selbst zu bestimmen. Lassen Sie uns drei Kategorien ansehen:

1. Zeit zum Gelderwerb: Sie tauschen Ihre Zeit gegen Arbeit und bekommen dafür Geld. Sie erwerben so viel, wie Sie tatsächlich brauchen. Ihr Ziel ist, den Anteil der Erwerbszeit auf ein Minimum zu reduzieren. Wie der Franzose sagt: „Ich arbeite, um zu leben." Und nicht: Ich lebe, um zu arbeiten.

2. Zeit zur persönlichen Erbauung: Sie sorgen für Ihre Ruhe und Gesundheit, Sie genießen die Muße und die Zeit ohne konkretes Ziel. Diese Stunden beanspruchen einen größeren Anteil in Ihrem Kalender. Sie sollten lediglich aufpassen, dass Sie nicht zu viele Tage nehmen, denn die Langeweile könnte Ihnen auf den Leim gehen.

3. Kreative Zeit: Diese Stunden haben Ihre größte Aufmerksamkeit: Zeit für Ihre eigenen Werke, Ideen, Freude, Spiel, Familie, Gefährten... Hierzu gehört, dass Sie Stunden für sich allein haben. Bauen Sie den Zeitanteil aus.

Blicken Sie nicht lange vor und zurück: Das Vergangene können Sie nicht rückgängig machen, in der Zukunft wartet der Tod. Nutzen Sie jeden Tag, er ist wie ein kleines Leben: Der Vormittag ist die Jugend, der Nachmittag die Reifezeit, der Abend das Alter. Vergeuden Sie den Vormittag nicht mit Nebentätigkeiten, denn Ihre Kraft ist da am höchsten. Sie kennen das Sprichwort: „Morgenstund hat Gold im Mund."

Verfolgen Sie Ihr Ziel ohne Hast solange, bis Sie das gewünschte Ergebnis erlangen. Üben Sie sich in Geduld, sollte etwas nicht auf Anhieb funktionieren; wenn Sie verbissen erzwingen wollten, was im nächsten Jahr sinnvoll wäre, dann erreichen Sie mit doppeltem Aufwand den halben Erfolg. Es ist besser zu warten, wenn die Umstände passen. Dem Ungeduldigen läuft vieles davon, alles kommt zu dem, der pausieren kann.

Auf Ihrem Weg

Sie haben Ziele und sind entschlossen, sie zu erlangen. Damit das gelingt, entwerfen Sie am besten einen Plan. Dieser gibt Ihnen die Orientierung, denn so sehen Sie Ihren Weg. Das ist wie im Reiseverkehr die Route oder der Streckenverlauf.

Planen Sie wieder schriftlich in einem Kalender oder Zeitplanbuch, fragen Sie sich jede Woche: Was werde ich in den nächsten sieben Tagen tun, um meine Jahresziele zu erreichen? So bauen Sie bildlich gesprochen Stein für Stein an dem Haus, das am Jahresende fertig sein wird. Es geht darum, dass Sie sich konkrete Taten vornehmen. Notieren Sie in Ihrem Kalender und so können Sie am Ende jeder Woche prüfen, ob Sie vorangehen – oder nicht... Diese Selbstkontrolle hat den Zweck, ein Lob zu finden. Sie dürfen und sollen sich loben! So brauchen Sie keinen Vorgesetzten, den Mann, die Frau oder die Mama, die sagt: „Gut gemacht!".

Nehmen Sie das Planen jedoch nicht zu penibel; eine alte Managerweisheit sagt: Je genauer man entwirft, desto härter trifft einem der Zufall, deshalb sollte Ihr

Plan robust sein. Entscheidend ist, was Sie hier und heute tun und in dieser Woche erledigen. So bleiben Sie auf Ihrem Weg, andere haben keine Chance, Sie vor fremde Wagen zu locken.

Manche sagen, es sei besser, keinen Plan zu machen. Das sei zu aufwändig, bürokratisch, spießig, langweilig und eine Angelegenheit für Geschäftsleute. Aber wer ist bitteschön Ihr Manager? Sind das nicht Sie? Also denken Sie lieber, was Sie heute für sich tun. Die Planlosen dürfen sich nicht wundern, wenn sie dort ankommen, wohin sie getrieben werden.

Bleiben Sie locker: Sie sind nicht auf der Welt, um verbissen eine Mission zu erfüllen, noch dazu in einer Welt, die den Bach runtergeht. Ihre Vorhaben orientieren sich an Ihren Werten! Das gibt Stabilität und Zuversicht. Gute Fahrt!

Gedankenhygiene

Trennen Sie sich von Personen, die irreführen. Sie werden die alten Eliten verachten, Wut und Zorn empfinden - aber das gibt sich. Negative Gedanken nehmen mehr, als sie geben; am besten Sie verscheuchen trübe Grübeleien wie eine lästige Fliege.

Sie tun sich nichts Gutes, wenn Sie jemanden beneiden, das ist Gift für die Seele. Antisthenes sagt: „Wie das Eisen vom Rost, so wird der Neidische von seinem eigenen Charakter zerfressen." Leider haben wir in der Wohlfahrtszeit eine Neidkultur gebastelt und die Fähigkeit verloren, das Leben zu bejahen wie es ist.

Worauf sind Sie stolz? Das könnten die vielen Dinge sein, die Sie aus eigener Kraft geschafft haben. Das ist gut. Aber Sie müssen sich nichts einbilden, wenn Sie in einer namhaften Firma unter Vertrag stehen. Das Unternehmen könnte bankrott sein oder verkauft werden. So guckten beispielsweise die stolzen „Mannesmänner" degradiert, als sie aus dem Radio erfuhren, dass sie nun „Vodafon-ler" heißen. Ziehen Sie sich die Jacke fremder Identitäten nicht an, legen Sie Abzeichen und Sticker ab, sonst wären Sie wie die Mast-Kuh, welcher der Bauer eine Nummer ans Ohr knipst.

Epiktet sagt: „Sei auf keinen fremden Vorzug stolz. Wenn ein Pferd voller Stolz spräche: „Ich bin schön", so wäre das erträglich. Wisse aber, dass du, wenn du voller Stolz sprichst: „Ich habe ein schönes Pferd", auf den Vorzug eines Pferdes stolz wärest. Was ist aber nun dein eigen? Die Anwendung der Vorstellungen. Wenn du dich also im Gebrauch der Vorstellungen naturgemäß verhältst, so kannst du alsdann stolz sein, weil du da nämlich auf einen eigenen Vorzug stolz sein wirst."

Lenken Sie Ihre Gedanken auf das, was Sie in der Hand haben. Indem Sie sich auf eine Sache konzentrieren und nicht gleichzeitig drei Angelegenheiten denken, gelingt es Ihnen, eine Aufgabe zu Ende zu bringen. Multitasking funktioniert nicht, unser Gehirn wurde nicht dazu gebaut; Studien belegen, dass die Hirnleistung um bis zu vierzig Prozent sinkt im Versuch, mehrere Ideen gleichzeitig zu denken.

Leben ohne materiellen Kram und emotionalen Ballast? Der Lohn für das Abwerfen ist Freiheit. Sie müssen nicht nach dem Staat schauen, im Gegenteil, ein Vormund ist Ihnen lästig. Der Wohlfahrtsstaat geht so oder so den Bach runter, es bleibt Ihnen nichts anderes, als die Verantwortung für sich selbst zu übernehmen. Seien Sie froh!

7:1 für Sie

Ihnen begegnen laufend Menschen, die Ihr Bestes wollten und wollen. Diese Erzieher und Vorgesetzten sind nicht begeistert, wenn Sie die Verantwortung für

Ihr Leben selbst übernehmen. Aber Sie brauchen die Trainer und Therapeuten nicht. Die Zeit sollte vorbei sein, in der Ihre Vormünder mehr profitieren als Sie.

Lassen Sie sich nicht verunsichern, wenn Verkäufer wieder manipulieren versuchen. Sagen Sie nein, denn Sie bleiben auf Ihrem Weg; es geht nicht darum, einer Mehrheitsmeinung zu gefallen. Doch erliegen Sie nicht der Illusion, dass Ihr Stil auf Applaus stoßen wird. Besonders auf den ersten Metern erwarten Sie Geringschätzung und Missachtung. Dahinter versteckt sich oft Neid und Bewunderung, weil Sie schaffen, was die Anderen gern könnten. Das werden Ihnen aber wenige sagen.

Beispiel: Stellen Sie sich einen Kettenraucher vor, den Ingenieur Herrn Molchow. Er sitzt in einem Büro zusammen mit fünf Kollegen, die ebenso Kettenraucher sind; alle qualmen das Zimmer zu. Das Team zählt zur unverzichtbaren Elite der Konstrukteure eines Autozulieferers, deshalb erlaubt die Firma, dass die Kollegen am Arbeitsplatz paffen.

Eines Tages sagt Molchow: „Freunde, ich habe es mir überlegt, ich höre auf zu rauchen! Ab sofort ist bei mir Schluss mit den Kippen!" Der Ingenieur will Nichtraucher sein, er hat zwanzig Jahre täglich über eine Schachtel Zigaretten geraucht, das reiche, meint er.

Die Kumpels gucken irritiert, ziehen an ihren Stummeln und lächeln. Wenn Molchow aus dem Büro ist, reden sie hinter seinem Rücken, der Kollege würde das nicht schaffen, der Rückfall sei vorprogrammiert, dieser käme spätestens nach drei Wochen. Es gäbe zu viele Fälle, die Kollegen Schimmelpfennig und Hanser zum Beispiel, die ließen sich von einem Wunderheiler hypnotisieren und selbst das hätte nicht genutzt.

Insgeheim sind die Kollegen neidisch, weil Molchow den Mut hat, das Rauchen zu lassen. Alle wären froh, wenn sie wüssten, wie sie die Sucht loswerden. Sollte der Zimmergenosse rückfällig werden, dann könnten sie sich auf die Schenkel klopfen, die Wissenden mimen und triumphieren, dass sie es gewusst hätten.

Wenn Sie nicht tun, was die Mehrheit macht, dann werden Sie erst verspottet und dann angegriffen. Ein japanisches Sprichwort sagt: „Nägel, die herausgucken, werden hineingeklopft." Davor müssen Sie keine Angst haben: Erstens sind Sie kein Nagel, zweitens schwingen die Klopfer einen Gummihammer wie aus der Puppenstube.

Sie hätten drei Möglichkeiten, sich Kritiker vom Leib zu halten:

1. Kämpfen: Wozu, wer bedroht Sie? Dem mit dem Hammer gelang es vielleicht, Sie vor seinen Karren zu spannen, aber das ist vorbei. Sie sind nicht abhängig von ihm und gehen aus dem Weg.

2. Unterwerfen: Sie wären das Opfer, wenn Sie einem Manipulanten gewährten, Sie dorthin zuführen, wo er will. Unterwerfen ist eine Ausrede, nicht die Verantwortung für sich selbst zu übernehmen. Aber Sie könnten den Unschuldigen mimen, glücklich wären Sie nicht.

3. Spielen: Sagen Sie sich, wenn Sie jemand einspannen will: Ich kämpfe nicht, ich lasse den Unrat vorbeischwimmen. Das ist eine freundliche Art, nein zu denken. Betrachten Sie Ihr Leben wie ein Spiel wie im Fußball: Sie freuen sich auf die Partie, Sie spielen gern und haben die Absicht, zu gewinnen! Sollten Sie verlieren, dann ist das nicht schlimm, weil es ein neues Spiel gibt.

Kompakt

- Erkennen Sie den Ballast, der Sie bremst. Sieben Blockaden können Sie behindern, der zu sein, der Sie sind:

  1. Krankheiten, Bewegungsmangel, seelischer Schmerz, Angst
  2. Überproduktion von Geld
  3. Überinformation
  4. Langeweile und fehlende Entschlusskraft
  5. Hektik und Eile
  6. Ruhm- und Geltungssucht
  7. Kämpfe und Zwang

- Schmeißen Sie überflüssigen Krempel weg.
- Raus aus allen Schulden!
- Behandeln Sie Ihre Zeit als Ihr kostbares Gut. Arbeiten Sie nicht mehr als nötig.
- Planen Sie Ihren persönlichen Weg.
- Meiden Sie trübe Gedanken, Miesepeter, Stolz und Eitelkeiten.
- Lassen Sie Unrat vorbeischwimmen.
- Kämpfen Sie nicht, Unterwerfen Sie sich nicht.
- Spielen Sie!

Der Ballast ist weg, aber was haben Sie im leichten Gepäck?

9 Reisebedarf ermitteln

So wissen Sie, was Sie brauchen

> *„Er schöpfte aus dem Vollen, doch an gehäuften Schätzen lag ihm nichts."*
>
> aus „Ole Bienkopp" von Erwin Strittmatter (1912 -1994)

Mit welchem Gepäck reisen Sie? Was nehmen Sie mit? Sollten Sie sich schützen? Was reservieren Sie für den Wiederaufbau danach?

Stellen Sie sich bildlich gesprochen einen Koffer vor, den Sie in der Mitte aufklappen können. Die eine Seite packen Sie mit Sachen und Geld für die Zeit des Umbruchs. Ob uns eine längere Depression erwartet, oder eine Hyperinflation, oder ob das Siechen in der Wohlfühlblase noch einige Jahre läuft, ob Europa mit samt Euro zerfällt... Wir wissen es nicht. Das Schuldenmonster wird in den nächsten Jahren zerplatzen, nur das Wie ist unbestimmt.

Wahrscheinlich erwarten uns Verhältnisse, wie sie 2016 zum Beispiel in Griechenland herrschen: Massenarmut, sinkenden Renten, fehlende Krankenversicherungen - das sind keine Nachrichten aus der Dritten Welt, sondern aus der Europäischen Union. Ich halte es für naiv, zu glauben, dass uns das in Deutschland nicht passiert.

Auf der Vermögensseite werden Dinge geschehen, von denen wir keine Vorstellung haben. Wer hätte vor drei Jahren geglaubt, dass 2016 Themen wie Bargeldverbot und negative Zinsen Realität sind? Wenn Sie vor zehn Jahren gesagt hätten, die zehnjährige Staatsanleihe notiere im Minus, Sie wären für einen gehalten worden, der aus der Klapsmühle ausbrach. Rechnen Sie mit weiteren Repressalien wie Steuererhö-

hungen, Zwangshypotheken bis hin zum Goldbesitz-
verbot – das gab es alles schon.

Aber keine Angst, eine neue Zeit wird beginnen: Der
Wahn ist weg, die Eliten sind getauscht, der Staatsan-
teil schwindet... Ob die neue Epoche wieder eine Demokratie sein wird, oder eine Diktatur, oder eine Mo-
narchie... die Zeit wird es zeigen. Mit Sicherheit wird
es ein anderes Geldsystem geben, weil das alte
sprichwörtlich in die Luft fliegen wird. Für den Umbruch richten Sie Ihr Gepäck so ein, dass Sie gut
durchkommen. Nicht die hohe Rendite steht im Vordergrund, sondern der Erhalt Ihrer materiellen Werte.

Auf der zweiten Seite Ihres Reisekoffers haben Sie
gerettetes Vermögen. Das hilft Ihnen für den Wieder-
aufbau. Bedenken Sie, dass über neunzig Prozent aller
Bürger ihre Ersparnisse verlieren werden; Sie müssen
nicht dazu gehören. Denken Sie beispielsweise an das
Jahr 1948. So startet Herr Mustermann mit 40 D-
Mark, das war nach dem Krieg und der Währungsre-
form; die Frau Liebeschön beginnt ebenso mit 40 D-
Mark. Die Dame hat in ihrem Reisekoffer zusätzlich
fünf Unzen Gold und zwanzig Unzen Silber: Herr
Mustermann beginnt wie alle anderen Bürger, die
Frau Liebeschön ist vergleichsweise steinreich.

Rolli oder Container?

Wie groß ist Ihr Reisegepäck? Sie haben 99 Prozent
überflüssigen Kram entsorgt, doch was sind ein Prozent notwendige Sachen?

Und wie hoch ist Ihr Vermögen, das Sie über die Zeit
retten? Sie werden von mir keine Zahl in Euro lesen!
Es ist nicht sicher, ob es diese Währung in zehn Jahren noch gibt. Denken Sie lieber in Sachwerten: Quadratmeter Wald, Quadratmeter Wohneigentum, schul-
denfrei selbstverständlich, Feinunzen Gold, Kilogramm Silber, Anteil an ....

154

Was davon ist viel? Ein Kilo Gold oder eine Unze (31,1 Gramm)? Was ist groß? Tausend oder Zehntausend Quadratmeter...? Oder ist nur der arm, dessen Konto am Monatsende auf null ist?

Reich ist, der weiß, dass er genug hat! Im Umkehrschluss ist nichts ausreichend für den, dem das Erfüllende zu wenig ist. Wohlhabend lebt es sich besser als reich zu Grunde zu gehen.

Beispiel: Das Märchen die „Aalsuppe" erzählt vom fetten Haberich und seinem Knecht, dem Fischer Hansen. Dieser muss Haberich auf das Meer rudern und auf Befehl angeln. Hansen fängt einen dicken Aal, der sprechen kann und um sein Leben fleht; doch Fettwanst Haberich besteht darauf, ihn zu essen. Durch einen Trick gelingt es, den Aal zu tauschen. An Land muss Fischer Hansen eine Aal-Suppe kochen, welche im Dorf duftet, jedoch im Topf nie weniger wird. Der gierige Haberich löffelt Stunden um Stunden, ohne aufhören zu können. Letztlich frisst er sich so fett, dass er platzt und mit ihm das Haus in die Luft fliegt. Die Detonation erschallt im ganzen Dorf. An das Meeresufer schwimmt der echte Aal, bedankt sich und gibt Hansen ein Schwert, damit er künftig alle Haberichs vertreiben kann.

PS: Nettes Märchen, könnten Sie anmerken, der Geschichtenerzähler wählt vermutlich links... Aber denken Sie, der Aal in der Suppe sei die Geldmenge und vermehre sich durch den Zinseszins, der reiche Haberich löffelt und löffelt, ohne abzugeben, bis die Blase platzt.

Im euphorischen Siechtum horten Menschen einerseits Güter, andererseits treibt sie die Angst, nicht genug zu bekommen. Diesen Wahn haben Sie bereits vertrieben.

Ein Vermögen bietet den Vorteil, nicht auf den Befehl von anderen arbeiten zu müssen. Aber fragen Sie sich, ob Sie das Geld besitzen oder ob das Kapital Sie besitzt. Ihr Reichtum basiert auf zwei Säulen:

1. Sie benötigen wenig.
2. Ihre Ersparnisse schützen wie ein Bollwerk.

Ihr Reisekoffer ist so groß, dass er Ihnen hinterher rollt, sollten Sie einmal stolpern.

Vom Nötigen das Beste

Papst Johannes Paul der Zweite (1920-2005) ordnet in seinem Testament an: „Ich hinterlasse keinerlei Eigentum." Dem Privatsekretär Stanislaw Dziwisz trägt er auf, alle handschriftlichen Notizen zu verbrennen. Johannes Paul kommt mit Nichts auf die Welt und geht mit Nichts. Wozu sollte er Besitz horten? Der Pontifex fühlt sich als Stellvertreter Gottes auf Erden, der Herr braucht nichts, wozu sollte der Gehilfe Eigentum häufen?

Sie könnten einwenden, dass Beispiel sei aus der Luft gegriffen. Zwar bekommt der Papst weder Millionenbonus, Vorstandsgehalt und Aufwandsentschädigung, aber er befiehlt einen Hofstaat, er hat Diener, Köche, Wachen, Fuhrpark und erhält, was er wünscht.

Lassen Sie uns einen Blick in die privaten Räume des Pontifex werfen: Badezimmer: eine Badewanne, ein Waschbecken, eine Sitztoilette. Schlafzimmer: ein Bett aus dem 19. Jahrhundert, ein Nachttisch, ein Schreibtisch. Neben dem Schlafzimmer: Das Fenster. Von dort spricht der Papst sonntags das Angelus-Gebet zu Pilgern auf dem Petersplatz; nächster Raum, das Arbeitszimmer: ein Schreibtisch, ein Stuhl, ein Bücherschrank, zwei Stühle für Gäste: Mehr braucht der Stellvertreter Gottes nicht.

Wenn Sie das Minimalprinzip aufgreifen, dann richten Sie Ihr Hab und Gut wie der Papst ein anstatt wie ein fetter Haberich. Besorgen Sie die Dinge, die Sie wirklich nutzen. Wählen Sie Qualität statt Quantität.

Beispiel: Der Chefkoch eines Spitzenrestaurants zeigt mir ein Ledertuch, in dem seine Kochmesser stecken: zwei Klingen aus gefaltetem Damast-Stahl, scharf wie Rasierklingen. Der Küchenchef unterstreicht, dass er nur mit scharfen Messern schnell arbeiten kann: „Ein guter Koch braucht keine fünfzig Messer, wie sie auf Jahrmärkten angeboten werden." Die würden nutzlos auf dem Küchentisch stehen oder in der Schublade verrosten. „Meine Klingen sind perfekt und immer zur Hand."

Sie könnten einwerfen, dass die zwei Küchenwerkzeuge aus Damast-Stahl zirka vierhundert Euro kosten und Sie sich dafür mehrere billige Messer-Sets kaufen könnten. Außerdem ist Kochen nicht Ihr Beruf und Sie schneiden die Gurken nicht nach der Stoppuhr. Das ist nicht die Botschaft. Hätten Sie gedacht, dass der Kochprofi zwei Messer verwendet und nicht zwanzig? Sie brauchen das Notwendige und davon das Beste.

Das Vorzüglichste muss nicht das Teuerste sein. Oft sind die einfachen und funktionalen Dinge gut und besser.

Beispiel: Ich verrate Ihnen kein Geheimnis, dass ich schreibe: Bücher, Artikel und Tagebücher. Einen Text entwerfe ich mit Stift und Papier. Auf dem Schreibtisch ordne ich Zettel, Ideen, Stichworte; ich füge Notizen bei oder entferne diese, alles auf Papier geschrieben mit blauer Tinte. Die Worte formuliere ich später am Computer, das Schreiben geht schnell, da ich zehn Finger nutze.

Meine Federhalter – ich besitze zwei, sind herkömmliche Schulfüller aus dem Schreibwarenladen, einer kostet etwa fünfzehn Euro. Die Stifte sind leicht und liegen perfekt in der Hand, mir ist die Feder wichtig, sie muss gleiten, ohne zu schmieren und zu haken; außerdem soll der Stift nicht klecksen und Erschütterungen aushalten. Die Füller sind im Vergleich preiswert und aus meiner Sicht tadellos. Sie wurden für Millionen Kinderhände entwickelt. Ich bin mir sicher, dass in einem preiswerten Schulfüller mehr Entwicklergeist steckt, als in einem Edelstift im Preis von vierhundert Euro.

Mir schenkte eine gute Bekannte einen teuren Federhalter, der wesentlich vornehmer aussieht, als mein Plasteschreiber. Ich gab mir Mühe, mit dem hochpreisigen Geschenk zu schreiben, und nehme wieder die einfachen Stifte.

Wie oft benutzen Sie einen Gegenstand? Liegt in Ihrem Keller eine Bohrmaschine? Wie viele Minuten lief das Gerät, wie viele Minuten wird es noch Löcher bohren, zehn oder zwanzig? Vermutlich kommen Sie zu dem Ergebnis, dass Sie keine eigene Maschine anschaffen müssen, denn sie liegt Jahre ungenutzt herum. Sie könnten sich bei Bedarf eine mieten oder den Nachbarn fragen, ob er Ihnen seine leiht.

Wenn die Stürme tosen

Es wäre fahrlässig, über den Untergang des Wohlfahrtsstaates zu schreiben, ohne auf die Monate des Umbruchs einzugehen: Flucht aus Staatsanleihen, Abstoßen von Euro oder Dollar, Crash an den Börsen, Preisexplosion bei Lebensmitteln, Bürgerkrieg, Verarmung, Hunger und Massenarbeitslosigkeit.

Wenn Sie glauben, derartige Horrorszenarien können in Deutschland nicht passieren, dann schauen Sie in die jüngere Geschichte. Oder beispielsweise nach Zypern, wo im März 2013 über Nacht die Banken schließen. Sehen Sie sich Berichte aus Argentinien an, dort bricht 2001 das Finanzsystem zusammen mit verheerenden sozialen Folgen. Vielleicht hilft der Blick zurück und über die Landesgrenzen gegen Ignoranz, dass diese Dramen bei uns nie passieren könnten.

Sie könnten abwinken und sagen, das sei Verschwörungstheorie und Angstmache. Die Versorgung mit Waren kann nicht zusammenbrechen, denn es gibt Notfallgesetze wie die Wirtschaftssicherstellungsverordnung vom 12.08.2004, unterschrieben von Altkanzler Gerhard Schröder. Mich wundert der Aberglauben an die Allmacht des Staates und das Vertrauen, dass die EC-Karte immer funktionieren wird. Geld kommt aus dem Automaten, der Strom aus der Steckdose... und die Titanic ist unsinkbar.

Zweifeln Sie nicht, dass es ungemütliche Zeiten geben wird. Sie können sich vorbereiten, mehr ist nicht drin. Sorgen Sie vor, sonst rennen Sie zum Supermarkt, wenn alle durchdrehen.

Was müssten Sie tun, um einen Monat zu durchstehen, ohne Leistungen von außen zu bekommen? Wie lebt es sich vier Wochen ohne Einkaufsladen, ohne Arzt, ohne EC-Karte, ohne Handy?

Sie finden die Lösung, indem Sie sich für einen der Wege entscheiden:

A) Sie studieren die Checkliste „Notfall vorgesorgt" oder die Ratgeber vom Bundesamt für Bevölkerungsschutz und Katastrophenhilfe. Sie erhalten die Informationen auf der Web-Seite des Amtes. Die Behörde erklärt an Hand von Notfalllisten, welche Lebensmittel und Mengen angebracht sind.

B) Oder Sie kaufen bei spezialisierten Anbietern Pakete für den Notfall mit Lebensmitteln, die Jahrzehnte haltbar sind. Das ist eine Frage des Preises.

C) Oder Sie fahren in einen Supermarkt und packen den Kofferraum voll mit haltbaren Sachen, die Sie und Ihre Familie einen Monat zum Leben brauchen.

Vergessen Sie die Hausapotheke nicht, das Wasser, die Hygieneartikel und Ihre Sicherheit. Rechnen Sie damit, dass zeitweise der Strom ausfällt.

Chaoszeiten sind höllisch, weshalb sie Menschen aus dem Hirn verdrängen, bis sie eintreten. Panik und Angst begleiten die Tage. Letzter Tipp: Bereiten Sie sich unauffällig vor. Denn würden Sie Freunden und Bekannten erzählen, dass Sie Vorräte anlegen, werden die Ihnen einen Vogel zeigen. Aber die Kollegen erinnern sich, dass Sie Kaffee und Nudeln im Keller haben, wenn es bei denen mangelt. Nur wenn Sie nicht auffallen, können Sie gelassener schlafen.

Das Goldene Kalb vom Sockel holen

Das Einzige, was unsere Gesellschaft in der Wohlfühlblase verbindet, ist die Erwerbsarbeit, egal ob Notwendiges produziert oder Überfluss geschunden wird: Der Angestellte ist pflichtbewusst rund um die Uhr per Mobil-Telefon erreichbar. Die Arbeit steht wie das Goldene Kalb auf einem Sockel, um den alle zu tanzen haben: Arbeit, Arbeit, Arbeit - die vermeintliche Erfüllung.

Die Sucht nach einem Büro oder Werkstätte macht krank. Die Arbeitsgeilheit, das Gieren nach unsinniger Qualifizierung, das Rufen nach schneller, höher, besser, innovativer und mehr ist ein massenpsychologisches Phänomen.

Die Jagd nach Gewinn im Zinseszinssystem zwingt, den Geist bis zur Erschöpfung auszugeben. Die Hamsterräder sind ein Umverteilungsmechanismus, in dem die untere Schicht für die Oberschicht anschafft.

Während die unten heftiger strampeln und real weniger verdienen, werden die Profiteure reicher und reicher. Diesen Wahn hatten wir im Teil 2 bereits besprochen, er soll hier bewusst wiederholt sein.

Vergessen Sie nicht: Wer im Wohlfahrtsstaat nicht arbeitet, bis er umfällt, hat Zeit zum Nachdenken. Und wer überlegt, der ist gefährlich für die herrschende Elite. Außerdem kommt nur der in den Himmel, der im Schweiße seines Angesichtes ackert, bis er tot in die Furche fällt.

Wir sind dressiert, mehr als notwendig zu erwerben. Am Anfang möge mehr Geld zufriedener machen – das Finanzamt freut es - aber ab einem Niveau macht noch mehr Geld nicht glücklicher; das Gegenteil ist der Fall, wie Glücksstudien zeigen.

Der Sinn der Erwerbsarbeit besteht nicht darin, sich ohne Grund abzurackern. Erwerb dient, um die eigenen Bedürfnisse zu befriedigen. Deshalb erarbeiten Sie nicht mehr Geld, als Sie verwenden.

Dazu Epikur: „Wer die Grenzen des Lebens erkannt hat, weiß, dass leicht zu beschaffen ist, was das schmerzende Gefühl des Mangels aufhebt und das gesamte Leben vollkommen werden lässt. Also bedarf er keiner Verhältnisse, die Konkurrenzkämpfe in sich bergen."

Wie viel?

<u>In der Krise</u>: Sie besorgen, was Sie unbedingt brauchen. Mehr können Sie nicht tun, weil der Arbeitsplatz wackelt oder die soziale Sicherung versagt. Schauen Sie zum Beispiel nach Ländern in Südeuropa. Was passiert in Griechenland, wenn die Renten halbiert werden? Das Leben geht weiter, aber anders. Scheuen Sie sich nicht, eine Arbeit anzunehmen, selbst wenn diese nicht Ihren Ansprüchen genügt.

<u>Nach der Krise</u>: Sie fragen, wozu Arbeit da ist. Ihre Bedürfnisse bestimmen Ihren Wunsch nach Geld und nicht umgekehrt. Deshalb werden Sie weniger schuften als heute.

Finanziell durch die Jahreszeiten

„Die Natur hat mir nicht gesagt: sei arm! Noch weniger: sei reich! Aber sie ruft mir zu: sei unabhängig!"

Nicolas Chamfort (1741 – 1794)

Ich nehme für diesen Textabschnitt an, dass Sie Geld oder Vermögen besitzen. Es spielt keine Rolle, wie viel das ist, ob dreitausend Euro oder eine Million. Genug zu haben ist ein unschätzbarer Vorteil, denn man ist frei von allem Frondienst und Herr seiner Zeit. Verständlich deshalb, wenn Menschen nach Besitz streben und erhalten wollen.

Legen Sie sich für Ihr Verhältnis zum Geld ein paar Grundsätze zurecht. Zum Beispiel diese:

- Ich verwalte meine Vermögen, damit ich es im Alter aufbrauchen kann.
- Ich nehme mehr Geld ein, als ich ausgebe.
- Meine Ersparnisse wachsen durch Beharrlichkeit, nie über Nacht.
- Ich habe eine einfache Investitionsstrategie, die ich emotionslos durchziehe.
- Ich kaufe nur Finanzprodukte, die ich verstehe.

Wir leben 2016 in der größten Schuldenblase aller Zeiten. Wer das heute ignoriert, der will es so. Oder er ist getäuscht von der Geldillusion, weil gedruckte Nullen Reichtum vorgaukeln.

Die Orgie wird bis zum Bersten befeuert, jeden Monat, jede Stunde, jede Minute... Das ist möglich durch das Schöpfen von Geld. Sie erkennen den finanziellen Hokuspokus daran, dass die Mindestreservesätze der Banken kleiner als 1 sind (sie liegen heute bei 0,01 / ein Prozent); so erdichten Banken immer mehr Geld, für das keinerlei Ersparnisse vorliegen.

Solange diese Orgie läuft: Raus aus allem Papier, rein in Sachwerte! Das wären Unternehmen oder Anteile daran, Edelmetalle, Immobilien... alles Werthaltige, dass Sie physisch anfassen können. Achten Sie darauf, dass Sie Sachwerte im Krisenfall problemlos tauschen beziehungsweise nutzen können. Das dürfte zum Beispiel bei Gemälden und Kunstwerken schwierig sein.

Aber seien Sie gefasst, das Papiergeldexperiment kann länger gehen, als Sie annehmen. Seit 2008 sehen wir eine Krise nach der anderen; der Geldadel tut alles, damit die Party läuft. Sie werden in den nächsten Jahren Zwangsmaßnahmen erleben mit den abenteuerlichsten Ausreden.

Beispiel Bargeldabschaffung: Wieso? Sie erfahren als Gründe: das Bekämpfen des Terrorismus, das Verhindern der Schwarzarbeit oder die bessere Hygiene. Das ist Augenwischerei, denn das gesetzliche Zahlungsmittel sind Münzen und Geldscheine, welche die Zentralbank herausgibt. Die Nullen auf Ihrem Bankkonto sind kein gesetzliches Zahlungsmittel. Es handelt sich lediglich um eine Forderung gegenüber der Bank, die erfüllt werden kann oder nicht.

Präziser würde es heißen: Das gesetzliche Zahlungsmittel, welches die Zentralbank ausgibt, muss abgeschafft werden, und zwar aus hygienischen Gründen, der Schwarzarbeit und der Terrorgefahr... Bei so einem Satz wären Sie misstrauisch. Aber die Verarsche passiert in Politik und Medien täglich, damit Sie treu und brav weiterarbeiten.

Innerhalb der nächsten Dekade wird das Geldsystem zusammenbrechen. Danach wird es neues Geld geben. Ich zweifele, ob sich die Menschen erneut wertloses Papiergeld andrehen lassen.

Wenn sparen wieder möglich ist

Nach dem Reinemachen an den Märkten wird ein neuer Zeitabschnitt beginnen – freuen Sie sich! Das Ende des Wohlfahrtstaates erkennen Sie daran, dass die Schulden abgebaut sind. Die Börsenkurse liegen im Keller, und zwar so tief, dass Sie Aktien hinterhergeworfen bekommen. Ebenso erreichen die Immobilienpreise ihren Tiefpunkt, weil es keine Kredite gibt. Schulden werden verpönt sein wie giftiges, stinkendes Abwasser. Ich tippe, dass die Banken nur mit Vollgelddeckung arbeiten dürfen, da die heutige Teilreservedeckung den Geldzauber ermöglicht.

Rechnen Sie damit, dass der Umbruch einige Jahre dauert. Danach werden Sie wieder Geld erwerben, sparen, weil Sie optimistisch in die Zukunft schauen. Wählen Sie die Anlageklasse, die am Beginn eines Aufwärtszyklus steht. Achten Sie auf das Verhältnis der Anlageklassen zueinander: Heute (2016) sind die Aktien und Immobilien teuer, Edelmetalle billig. Das Verhältnis wird sich wieder drehen, setzen Sie auf das richtige Pferd.

In verbriefte Geldanlagen wie Versicherungen, Sparbriefe oder Festgeld investieren Sie nur, wenn das Geld durch Waren oder Edelmetalle gedeckt ist. Anderenfalls hätten Sie wieder ungedecktes Hokuspokus-Geld auf der Festplatte einer Bank.

Beispiel Aktien: Angenommen, Sie interessieren sich für Aktien. Schauen Sie zuerst, welche Titel grundsätzlich in Frage kommen und treffen Sie eine Vorauswahl.

In der Depression oder der Hyperinflation verschwinden zahlreiche Unternehmen von der Bildfläche. Das berührt Branchen, die zuvor von billigen Zinsen profitierten oder nur entstanden, weil das Geld in Strömen floss. Untergehen werden viele Einkaufs – und Freizeittempel, aber nicht nur, auch High-Tech-Schmieden und Forschungsstätten werden auseinanderfallen.

Suchen Sie nach Dividendentiteln aus den Branchen Transport, Energie, Telekommunikation, Recycling, Chemie, Landwirtschaft, Wasser, aber auch Banken könnten wieder gesucht sein. Fragen Sie sich selbst, ob Sie das Geschäft verstehen; ist der Geschäftszweck einfach und klar, handelt es sich um eine bekannte Marke, besteht Marktführerschaft innerhalb der Branche und bedient das Unternehmen viele Kunden? So wählen Sie vielleicht zwei bis drei Dutzend Aktien, die Sie sich näher ansehen, bevor Sie überhaupt kaufen.

Sie studieren den Geschäftsbericht, um den fairen Wert einer Aktie zu bestimmen. Der Bericht enthält den Jahresabschluss mit der Bilanz, der Gewinn- und Verlust-Rechnung und dem Anhang. Wer keine Bilanzen lesen kann, wird sein Geld früh oder später verlieren. Deshalb sehen Sie sich einen Kandidaten genau an: Werden die Produkte gebraucht, ist die Strategie des Unternehmens schlüssig, wer sind die Eigentümer? Sie analysieren Schlüssel-Kennzahlen wie das Kurs-Gewinn-Verhältnis oder die Dividendenrendite. Es gibt mehre Parameter; ich zum Beispiel lege Wert auf den dynamischen Verschuldungsfaktor, wenn mir dieser zu hoch ist, dann scheidet die Aktie aus.

Viele halten dagegen, sie hätten nicht die Zeit, Bilanzen zu studieren. Außerdem kann das nicht jeder. Aber das eigene Geld einer Bank anvertrauen, damit diese spielen kann? Wenn Sie ein börsennotiertes Unternehmen interessiert, dann könnten Sie sich nur *eine Aktie kaufen. Damit wären Sie Aktionär und sind berechtigt, die Hauptversammlung zu besuchen. Fahren Sie hin. Am Einlass nehmen Sie den Geschäftsbericht, welchen Sie in Ruhe studieren, Sie hören den Vortrag des Vorstandes, die Powerpoint-Präsentationen unterhalten zwar, aber ergiebiger ist die nicht öffentliche Aussprache.*

Erst wenn Sie ein umfassendes Bild gewinnen, entscheiden Sie, ob Sie investieren oder es besser sein lassen.

Egal, welche Entscheidung Sie treffen, vergessen Sie nicht: Die Bank ist nicht Ihr Freund. Der Staat ist ebenso nicht Ihr Begleiter. Meiden Sie Modetrends wie Industrie 4.0 oder Big Data, lassen Sie sich von Tatsachen überzeugen, anstatt Hochglanzfotos anzusehen.

Ihr Portfolio ist übersichtlich. Sie investieren langfristig in Anleihen, Aktien, Immobilien, Währungen, Edelmetalle. Legen Sie sich einige Regeln zu; die könnten so lauten:

- Ich bin bereit, gegen den Strom zu schwimmen. Wenn die Masse in Aktien einsteigt, dann ist das ein Grund zu verkaufen.
- Ich lege jeden Monat Geld zurück und spare.
- Ich ziehe nicht täglich Bilanz und verfolge ununterbrochen die Kurse in den Nachrichten.

Überprüfen Sie jährlich Ihre Strategie und passen Sie gegebenenfalls an.

Kompakt

- Für die Zeit des Epochenwandels richten Sie Ihr Gepäck so ein, dass Sie gut durchkommen: Der Erhalt ihres Vermögens steht im Vordergrund anstatt einer hohen Rendite.
- Solange Zentral- und Geschäftsbanken Geld aus den Nichts schöpfen: Raus aus allem Papier, rein in Sachwerte!
- Reich ist, der weiß, dass er genug hat.
- Ihr Reichtum basiert auf zwei Säulen: Erstens, Sie benötigen wenig. Zweitens, Ihre Ersparnisse schützen wie ein Bollwerk.
- Vom Notwendigen brauchen Sie das Beste. Dies muss nicht das Teuerste sein.
- Sorgen Sie für Chaoszeiten vor: Spielen Sie in Gedanken durch, einen Monat nicht in den Supermarkt gehen zu können. Handeln Sie, doch tun Sie dies, ohne viel darüber zu reden.
- In der Krise erwerben Sie, was Sie unbedingt brauchen. Mehr nicht.
- Prüfen Sie, wozu Erwerbsarbeit da ist: Ihre Bedürfnisse bestimmen Ihren Wunsch nach Geld und nicht umgekehrt. Sie werden vermutlich weniger arbeiten.
- Nach dem Kollaps des Wohlfahrtsstaates wird eine neue Epoche beginnen. Erst dann ist Zeit, wieder in Finanzprodukte zu investieren.

Sie haben bis zu diesen Kapiteln an sich gedacht! Das ist richtig, denn wenn jeder zuerst an sich denkt, wäre keiner vergessen.

Aber wahrscheinlich reisen Sie nicht allein...

Teil IV

Der Umgang mit anderen

10 Auferstehung eines „alten" Modells – die Familie

So bauen Sie zuverlässige Partnerschaften

> *„Es sind gewiss wenig Pflichten in der Welt so wichtig, als die Fortdauer des Menschengeschlechtes zu befördern und sich selbst zu erhalten, denn zu keiner werden wir durch so reizende Mittel gezogen als zu diesen beiden."*
>
> Georg Christoph Lichtenberg (1742-1799)

„Frau Retzbach, warum gibt es keine Männer mehr?" Diese Frage stellen zwölf Schülerinnen einer Berufsschule ihrer Lehrerin; die jungen Frauen lernen zusammen mit drei Männern für einen Pflegeberuf.

Die Damen schütteln die Köpfe über Männer mit rasierten Beinen, figurbetonten Hosen; sie nennen die Jünglinge Weicheier und Mamas Schoßhündchen... Kurzum, die Frauen beanstanden die Herren ihres Alters.

Rita Retzbach erzählt mir von den Szenen. Ich gebe zurück, der Eindruck der Damen stimme möglicherweise, sie solle die Mädels umgekehrt fragen: „Welchen Anreiz hat ein junger Mann, sich an eine wie euch binden zu wollen?"

Das löst in der Schulklasse rege Diskussionen aus, die Schüler nehmen die Fragestellung freiwillig als Hausaufgabe und schreiben ihre Gedanken nieder. Verständlich, die Leute sind in einem Alter, in dem die Suche nach dem passenden Lebensmodell Priorität einräumt: Will ich mit einem Partner leben? Oder allein? Was erwarte ich von ihm oder ihr? Wie wichtig sind Karriere, Geld oder Konsum?

Auf dem Lehrplan steht Projektarbeit, die Schüler lernen an einem Praxisbeispiel die Methode. Die Damen und Herren beschließen, das Thema „Partnerschaft" zu nehmen, sie vertiefen in Kleingruppen: Wie stellen wir uns das Familienbild vor; Single, Ehe, gleichgeschlechtliche Beziehung oder Patchwork? Kinder? Wenn ja, wie viele? Welche Rollen leben Männer und Frauen heute und wie war das früher?

Ich war zur Abschlusspräsentation eingeladen, zusammengefasst:

- Über achtzig Prozent wünschen das traditionelle Modell: Familie, bestehend aus Mutter, Vater und zwei Kindern.
- Mann und Frau sind gleichberechtigt. Beide Partner tragen zum Lebensunterhalt bei, ein Einkommen reicht nicht, um die Familie zu versorgen.
- Gleichgeschlechtliche Partnerschaften gibt es, doch diese zeugen keinen Nachwuchs.
- Wenige können sich vorstellen, dauerhaft allein als Single zu leben.

Sie könnten einwenden, das Beispiel aus der Berufsschule sei eine Blitzaufnahme. Mich beeindrucken die jungen Damen und Herren in ihrer Zustimmung zur traditionellen Familie mit Mutter, Vater, Kindern. Das Modell garantiere zwar nicht das Glück auf Erden – schließlich kennen die Schüler die Situation im eigenen Haus, aber es gäbe nichts Besseres.

Das Kettenspiel reißt

Anders als der Wunsch der Berufsschüler ist die Realität: Die deutsche Bevölkerung schrumpft mit zunehmender Geschwindigkeit (Exponentialfunktion). Das betrifft besonders die Eltern ohne Migrationshintergrund, die im Durchschnitt 1,1 Kinder pro Frau aufziehen: 2,1 Abkömmlinge wären notwendig, um die Balance zu halten. Jedoch befüllt die Gruppe der Kinderarmen überdurchschnittlich die Sozialkassen, aus denen alle bezahlt werden (wollen).

Sie könnten dagegen halten, Ihnen sei egal, ob der Sozialstaat zerberstet. Außerdem ist die Welt mit Menschen vollgestopft, Hunderttausende Afrikaner strömen nach Europa, Deutschland ist am dichtesten besiedelt, ein paar Millionen weniger Einwohner wären gut. Sie sind für die Erhaltung der Art nicht zuständig, deshalb verzichten Sie, sich fortzupflanzen.

Mögen Sie Kinder? Die einen sagen Ja, es gäbe nichts Schöneres, mit ihnen zu leben und sie großzuziehen. Die Sprösslinge geben mehr Lebensfreude zurück, als Sie Zeit und Mühe kosten. Die anderen antworten Nein, die niedlichen Konsummonster fressen einem die letzten Haare vom Kopf und plärren mit acht, dass sie das weiße I-Phone bevorzugen und nicht das schwarze.

Werfen Sie einen Blick in die Metropolen: Das Single-Leben ist der Trend, in Berlin beispielsweise wohnt in jeder zweiten Wohnung einer allein. Männer und Frauen brauchen sich nicht mehr gegenseitig, Sex ist leicht zu bekommen, andererseits wünschen sich Millionen einen Lebenspartner. Fantasieren Sie, wohin das führt: Schieben 2037 Rentner den Rollator zur Volkshochschule, um den Kurs „Self-Fulfillment im Alter" zu belegen? Keine Sorge, vorher implodiert der Wohlfahrtsstaat.

Tatsache ist, das Betrachten der Bevölkerungspyramide gleicht einem Blick ins Massengrab: Der Erste und der Zweite Weltkrieg „schafften" nicht, die urdeutsche Bevölkerung so zu dezimieren, wie das der Gebärstreik besorgt. Sie können die Zahlen bei Thilo Sarrazin im Sachbuch „Deutschland schafft sich ab" nachlesen.

173

Hin und wieder verkündet die Presse, die Deutschen würden vermehrt Kinder zeugen. Das ist schön, doch retuschieren die Jubelmeldungen, dass die Deutschen auf dem Weg sind, sich auf der Weltkarte auszuradieren. Dabei wird das Kettenspiel Generationenvertrag reißen. Die Republik wird weniger zahlen können für Renten, Pflege und soziale Stützräder; der Zusammenbruch von Gängelmami Staat und Vaterattrappe Sozialamt wird den natürlichen Eltern die Verantwortung zurückgeben. Wem sonst?

Freiwillig kastriert?

Wieso fliegt der Klapperstorch um Deutschland einen Bogen? Die Erklärungen betreffen meistens Themen wie Kindertagesplätze, Unvereinbarkeit von Familie und Beruf und so weiter.

Fakt ist, dass sich Kinder im Wohlfühlstaat finanziell nicht rechnen. Während vor hundert Jahren von Kinderreichtum gesprochen wurde, gilt heute in der Bundesrepublik als arm, der drei oder mehr Kinder aufzieht. Das ist ein Skandal für eines der reichsten Länder dieser Welt! Das sage ich übrigens als kinderloser Mann, ob ich das so wollte, konnte oder durfte, spielt keine Rolle.

Solange die Ursachen für den Kindermangel im Sozialstaat vermutet werden, ändert sich nichts. Allenfalls könnte ein Blick über den Rhein helfen: Wieso haben die Franzosen kein Problem, die Zusammensetzung ihrer Bevölkerung zu halten? Liegt es nicht nur an der Sorgepflicht, sondern am Sorgerecht? Warum sollten die Frauen schuld sein und bei Geburten streiken? Kann es sein, dass die Männer die Zeugung verweigern?

Wie auch immer. Die Frage bleibt, wie gelang es, die Deutschen dahin zu bringen, sich abzuschaffen? Das geht einfach: Sie müssen die beiden Geschlechter gegeneinander aufbringen: Mann gegen Frau und Frau gegen Mann. So wäre für Nachwuchs kein Platz.

Der Geschlechterkrieg bleibt am Köcheln durch ununterbrochene Gehirnwäsche:

Den Frauen servieren Sie Botschaften wie: „Du bist benachteiligt, die Männer verdienen mehr, sie werden schneller befördert, du musst noch den Haushalt..."

Dem Mann reden Sie ein: „Die Ansprüche einer Frau sind so hoch, da reicht dein Gehalt nicht, fast die Hälfte der Ehen landen vor dem Scheidungsgericht, danach bist du ruiniert..."

Ist es nicht eigenartig, wenn sich Mann und Frau bekriegen? Verstehen Sie mich nicht falsch, ich mag weder abhängige Damen noch als Machos getarnte Weicheier. Die Frauenbewegung leistet Bahnbrechendes für die Gleichstellung. Wissen die Feministen jedoch, dass ihre Bewegung von der Rockefeller Foundation ins Leben gerufen und finanziert wurde? Wieso hat der CIA mitgemischt? Diese Kräfte verwenden eigene Medien, um die feministische Idee den Frauen ins Hirn zu impfen. Und es funktioniert prima.

Mehrere Internet-Seiten zitieren Nicholas Rockefeller: „Der Feminismus ist unsere Erfindung aus zwei Gründen. Vorher zahlte nur die Hälfte der Bevölkerung Steuern, jetzt fast alle, weil die Frauen arbeiten gehen. Außerdem wurde damit die Familie zerstört und wir haben dadurch die Macht über die Kinder erhalten. Sie sind unter unserer Kontrolle mit unseren Medien und bekommen unsere Botschaft eingetrichtert, stehen nicht mehr unter dem Einfluss der intakten Familie. In dem wir die Frauen gegen die Männer aufhetzen und die Partnerschaft und die Gemeinschaft der Familie zerstören, haben wir eine kaputte Gesellschaft aus Egoisten geschaffen, die arbeiten (für die angebliche Karriere), konsumieren

(Mode, Schönheit, Marken), dadurch unsere Sklaven sind und es dann auch noch gut finden."

Solange dieses Muster bleibt, solange die Manipulation greift, solange gibt es wenig Kinder.

Natürlicher Treibstoff

„Hast du schon gehört? Anna ist schwanger!" Die Neuigkeit spricht sich am schnellsten herum. Sie können beobachten, wie Kolleginnen auf Anna zugehen, sich neugierig nach dem Befinden erkundigen, auf den Bauch gucken, anfassen wollen, Unterstützung anbieten... Man kann wahrlich nicht sagen, eine Schwangerschaft sei eine unwichtige Angelegenheit.

Die Schöpfung stattet eine Frau mit zirka 400 Eizellen aus. Im Bauch der Dame sitzt eine kleine Chemiefabrik namens Gebärmutter, die einen Menschen herstellen kann, und zwar einen mit zwei Augen, einem Herzen und einem Hirn. Diese „Fabrik" ist dem modernsten Technologieunternehmen um Lichtjahre voraus, denn sie kann sekündlich Billionen Moleküle passgenau und termingerecht zusammenführen.

Doch nicht nur das, in einer Frau ist der süße Wahn eingebaut, die Chemiefabrik in Betrieb setzen zu wollen. Das passiert, wenn ein Mann die passende Software in Form einer Spermazelle liefert. Wer hat sich das ausgedacht?

Ebenso wie die Frau ist der Mann grandios überdimensioniert. Er produziert pro Tag Millionen von Spermien, die den Weg zur Eizelle finden sollen. Was für ein Stress! Für den Samen... Den Wahn von beiden nennt man Geschlechtstrieb und Sie können sicher sein, dass der Schöpfer nichts daran falsch gemacht hat. Aber letztlich ist es der Natur egal, ob ein Mensch die Anlagen nutzt. Wenn sich die eine Spezies nicht fortpflanzt, dann eben die andere, wer sich nicht reproduziert, landet auf den Komposthaufen der Evolution.

Nach der Geburt geht es darum, den Nachwuchs aufzuziehen. Die Schöpfung stattet die Eltern mit dem Brutpflegetrieb aus, der ebenso stark ist wie der Geschlechtstrieb. Der Natur ist nichts wichtiger als das Gedeihen der nächsten Generation! Gehen Sie davon aus, dass auch dies perfekt durchdacht ist. Männer haben gleichfalls den Hang, eigene Brut zu pflegen. Stellen Sie sich beispielsweise einen Marktplatz vor mit Gedränge und Lärm: Sollte ein Baby schreien, dann hört auch ein Mann, dass ein Kind ruft; er braucht kein Studium im Fach Geräuschanalyse.

Oder betrachten Sie, was in der Natur geschieht, zum Beispiel bei Elefanten: Die Bullen sind zwar Einzelgänger und mögen keine frechen Kinder; die Babys toben in der Herde bei Mama, den Jungkühen und der Leitkuh. Aber wehe ein Feind greift die Gruppe an und ein Bulle ist in der Nähe, dann rastet der Koloss aus.

Machen Sie sich keine Sorgen, dass mit Ihrem natürlichen Hang nach Kindern etwas nicht in Ordnung sein könnte – er ist da, ob Sie wollen oder nicht.

Wer sich fortpflanzt und wer nicht

Wir werden so manipuliert, dass Sie nicht sicher sein sollen, welches Geschlecht Sie haben. Ich zum Beispiel bin männlich und stehe in sexueller Hinsicht auf Frauen. Und nicht auf Männer. Aber vielleicht bin ich transmännlich, intersexuell, gendervariabel und weiß es nicht? Wurden mir die Hoden anerzogen?

Der Hokuspokus nutzt Abenteurern, Forschungsaufträge aus Steuergeldern zu erhaschen, einen Lehrstuhl zu erobern mit Beamtenstatus und Pensionsanspruch. Die Täuschung wird verschwinden, nicht aus moralischen Gründen, sondern aus finanziellen.

Spätestens mit der Geburt zeigt das Kind sein Geschlecht: An einem Jungen hängt ein Zipfel, beim Mädchen ist ein Schlitz. Wer um Himmelswillen glaubt, dass die Natur etwas falsch gemacht hat? Derjenige sollte zum Psychologen, aber ich bin mir nicht sicher, ob der Psychologe die Behandlung nötiger bräuchte.

Zwei bis drei Prozent der Mädels oder Buben zieht es zum gleichen Geschlecht. Das ist so. Und es ist gut, dass gleichgeschlechtliche Neigungen akzeptiert sind. Schwule und Lesben können sich jedoch nicht fortpflanzen, es ist traurig, die Tatsache zu nennen. Noch banaler ist die Aussage, dass Kinder erst entstehen, wenn eine Frau mit einem Mann Sex hat. Soll das ein Kinderbuch sein? Nein, aber ich kann nicht so tun, als ob Sex belanglos wäre.

Beispiel: Im Fernsehen diskutieren in einer Talkshow vier gestandene Damen und vier Herren, welcher Typ Mann gefragt sei, der Macho oder der Softie. Die Leute reden, reden und reden. Nach siebzig Minuten Palaver erwähnt zögerlich eine Dame diese Sache, die Mann und Frau gelegentlich machen: Sex. Rätselhaft, warum stundenlang so getan wird, als ob das nicht vorkomme. Fernsehfilme, Romane, Musiktitel wären unverkäuflich, würden sie Küsse und Liebesspiele auslassen.

Nicht jeder Mensch hat Sex, das Verlangen ist zwar ein natürliches Bedürfnis, jedoch kein notwendiges. So verzichten zum Beispiel Mönche und leben gut damit, ihre Lebenserwartung ist einige Jahre höher als die des Durchschnitts. Die Mehrheit dürfte sagen: Sex ist gesund, er ist schön und kostet nichts. Ich glaube, dass die jungen Leute konservativer sind als ihre Eltern, obwohl Sex durch Internet und Werbung präsenter ist als je zuvor.

Mit Beginn der Schwangerschaft erfährt der Körper einer Mutter eine Hormonlawine – die Chemiefabrik arbeitet! Die Geburt eines Kindes verändert in einer Beziehung alles. Ein neuer Mensch ist da. Die sexuelle Lust der Partner mag abflachen, sie erreicht nach zirka sieben Jahren einen Tiefpunkt; jedoch besteht die Fürsorge zum gemeinsamen Kind.

Übrigens: Die Idee von der großen Liebe hält sich in allen Altersklassen. Zwar ändert sich der Sex mit der Zeit, aber das Interesse bleibt.

Beispiel: Fritz (84) verliert seine Ehefrau Elisabeth, die mit 81 stirbt. Beide waren 61 Jahre verheiratet und feierten die diamantene Hochzeit. Zwei Jahre nach Elisabeths Ableben gesteht mir Fritz, dass er sich wieder verliebt hat: Gundula (75) besucht ihn jeden Tag. Ich foppe Fritz, was er mit so einer jungen Frau wolle, verweise auf den Altersunterschied von neun Jahren, insgeheim freue ich mich mit ihm. Der alte Mann kauft Blümchen und trägt sie wie ein Lausbub durch die Stadt. Fritz räumt ein, dass es mit dem Sex nicht mehr klappe wie früher, aber das Rentnerpaar kuschelt und streichelt stundenlang. Ist das nicht schön?

Genügt das, um darauf eine Partnerschaft zu schmieden?

Ball flach halten

> *Es wird nach einem happy end*
> *im Film jewöhnlich abjeblendt.*
> *Man sieht bloß noch in ihre Lippen*
> *den Helden seinen Schnurrbart stippen –*
> *da hat sie nun den Schentelmen.*
> *Na, und denn – ?*

Denn jehn die beeden brav ins Bett
Naja ... diß is ja auch janz nett.
A manchmal möchte man doch jern wissen:
Wat tun se, wenn se sich nich kissen?
Die könn ja doch nich immer penn ... !
Na, und denn – ?
... ...
Denn sind se alt.
Der Sohn haut ab.
Der Olle macht nu ooch bald schlapp.
Vajessen Kuß und Schnurrbartzeit -
Ach, Menschenskind, wie liecht det weit!
... ...
Die Ehe war zum jrößten Teile
vabrühte Milch und Langeweile.
Und darum wird beim happy end
im Film jewöhnlich abjeblendt.

Kurt Tucholsky (1890-1935), „Danach"

Ist es nicht rührselig, eine Hochzeit zu besuchen? Ehen starten mit Liebesgebeten, Treueschwüren für die Ewigkeit und Blumengebinden. Unzählige Partnerschaften zerbrechen nach Jahren, wenn zwischen Erwartung und Realität eine Kluft aufreißt.

Beziehungen werden oft mit gutgemeinter Heuchelei geschlossen: Männer versprechen im Liebestaumel, was sie nie halten können („ich werde mich ändern") oder Frauen klammern an überzogenen Erwartungen („du hast versprochen, dass du..."). Manche Paarträume kommen so ambitioniert daher, als wollten die Vermählten mit dem Fahrrad über den Atlantik radeln.

Gestatten Sie, dass ich dies uncharmant sage. Das tue ich nicht, um Sie zu ärgern. Der Untergang des Vollkaskostaates steht vor der Tür. Er wird Beziehungen mit oder ohne Kind mehr unter Ballast setzen, als Sie je gedacht haben. Deshalb empfehle ich, das Fenster zu öffnen und rosa Wölkchen herauszulassen. Entsorgen Sie alle Wunschvorstellungen:

- Der perfekte Mann: Guter Job, hohes Einkommen, sichere Karriere, selbstbewusst, sportlich, schlank, gutaussehend, zärtlich, kinderlieb, hört zu, hilft im Haushalt...
- Die perfekte Frau: gutaussehend, schlank, ansprechender Hintern, schöner Busen, grandiose Mutter, einfühlend, tolerant, sichere Karriere, gute Haushälterin...
- Die perfekten Kinder: Bestnoten in der Schule, intelligent, artig, sauber, musikalisch, innovativ, sportlich, leise, Studium an einer Uni, am besten Medizin...
- Die perfekte Beziehung: erfüllter Sex, dreimal pro Woche, Eigenheim, zwei Autos gehobener Bauart, Auslandsurlaube zweimal pro Jahr, harmonische Familientreffen...

Sie könnten diese Aufzählungen ergänzen. Hochgeschraubten Erwartungen sind Gesänge aus den Tretmühlen, die Mann und Frau schon heute überfordern.

Doch was passiert im Crash, einer Inflation, beim Rauswurf aus den Hamsterrädern? Was ist, wenn einer oder beide den Job verlieren, das Einkommen wegfällt, wenn der Mann verzweifelt, anfängt zu saufen; was ist, wenn die Frau durchdreht und droht, einen vermeintlich Besseren zu nehmen? Was tun, wenn die Bank höhere Sicherheiten für den Hauskredit verlangt, weil die Preise kollabieren oder die Zinsen hochgehen? Was tun, wenn sich der Partner Psychopharmaka reinstopft?

Dann zeigt sich, ob die Partnerschaft wetterfest ist. Es reicht nicht, nur im Bett glücklich zu sein und gelegentlich über Triviales zu raufen. Gerade in Krisensituationen braucht der Eine den Anderen, vorausgesetzt, der Partner nimmt Hilfe an. Es wäre falsch, die Schuld für erfahrenes Unglück dem Lebensgefährten anzuhängen oder ihm die eigenen Sorgen vor die Füße zu schmeißen. Das passiert leider, deshalb überstehen viele Beziehungen Krisenzeiten nicht. Sollten Sie erkennen, Ihnen schade die Partnerschaft mehr als sie stützt, ziehen Sie die Reißleine, so weh es auch tut.

Muss man unbedingt einen Partner haben? Nein, Sie können gut alleine klar kommen, im Alter mag der Hang zum Alleinsein wachsen und dominieren.

Beispiel: Stefanie arbeitet in einem Altenheim, in dem dreimal mehr Seniorinnen leben als Rentner, das liegt an der höheren Lebenserwartung der Frauen. Steffi sagt: „Klar, die Männer sind die Hähne im Korb! Die Ladies, überwiegend Witwen, hätten gern einen Partner und umwerben die Herren, das sieht jeder... Aber die Männer wollen nicht, die möchten ihre Ruhe..."

Übrigens, die meisten Säugetiere sind Einzelgänger, insbesondere die höherentwickelten - abgesehen von der Paarungszeit. Bei Eisbären zum Beispiel beträgt diese Periode sechs Wochen im Jahr, in der Zeit leben die Tiere ihren Fortpflanzungsdrang aus, danach ist 45 Wochen Ruhe an den Geschlechtsorganen.

Die Partnerschaft ergibt Sinn, wenn Sie gemeinsam weiter kommen als allein. Prüfen Sie:

- Was spricht für eine Partnerschaft?
- Was dagegen?
- Was hätten beide Partner von einer Beziehung?
- Wie groß ist das Risiko, dass sie scheitert?

Viele Dinge können Sie zusammen besser: Sex genießen, Kinder aufziehen, Zeit verbringen, Hobbys ausüben, eine Firma aufbauen, Sport treiben... Diese Punkte gelten zu allen Zeiten, so auch im euphorischen Siechtum.

Wertvoll ist die Partnerschaft besonders, um durch den Wandel der Epoche zu kommen, egal ob Depression, Inflation oder Krieg. Sie sollten jedoch die prekäre Lage ähnlich einschätzen, sonst ziehen Sie entgegengesetzt. Wenn beispielsweise Partner A die kapitalsparende Lebensversicherung auflösen will, hingegen Partner B wegen der niedrigen Zinsen Kredit aufnehmen will, dann führt das zu Konflikten.

Gut bedacht, hält besser

> *„Drum prüfe, wer sich ewig bindet,*
> *Ob sich das Herz zum Herzen findet!*
> *Der Wahn ist kurz, die Reu ist lang,*
>
> *....*
>
> *Die Leidenschaft flieht!*
> *Die Liebe muß bleiben,*
> *Die Blume verblüht,*
> *Die Frucht muß treiben...*

Friedrich Schiller (1759-1805)

Besteht die Partnerschaft im Alltag, wenn die Phase der Küsse und Begierden abflacht? Fordern Sie nichts von Ihrem Partner: Sollte dieser selbst nicht verstehen, was er für Ihre Beziehung einbringen soll, dann hält diese nicht lange.

Kümmern Sie sich zuerst allein um Ihr Glück. Das hört sich egoistisch an, aber wie Sie wissen, sind Sie selbst verantwortlich. Ihr Partner kann Sie begleiten, noch glücklicher zu werden, denn wenn die Bibel sagt, „liebe deinen Nächsten, wie dich selbst", dann ist das eine Aufforderung, sich selbst zu lieben, damit man in der Lage ist, den Anderen zu schätzen.

Erwarten Sie nicht, dass ein Partner sich ändert. Versprechen Sie nur, was Sie halten können. Akzeptieren

Sie Eigenarten, die Interessen und Wünsche Ihres Begleiters. Nicht ist langweiliger, wenn Mann und Frau im Gleichtakt ticken. Spielen Sie miteinander anstatt gegeneinander wie ein gemischtes Doppel.

Im Laufe der Jahre werden das gemeinsame Essen, der Sex oder das Hobby zum Alltag. Vertraute Routinen stabilisieren die Beziehung oder können lähmen. So gibt es manche Ehen nur deshalb, weil sich die Langeweile zu zweit besser ertragen lässt.

Vorhaben verbinden, wenn jeder Partner auf seine Weise wirkt. Ein hervorragendes Ziel wäre, gemeinsam Kinder zu erziehen. Ebenso vereint die Absicht, frei zu sein von Gängelbändern und Bevormundung. Schreiben Sie Ihre Partnerziele wieder auf, die Pläne werden konkret, indem Sie vom Kopf aufs Papier bringen.

Sollten Sie ein oder mehrmals geheiratet haben, kennen Sie das Prozedere, vor dem Altar zu geloben, die Liebe in guten wie in schlechten Zeiten zu halten. Warum nicht einmal im Jahr notieren, was Sie gemeinsam erreichen wollen? So sind Sie gewappnet, wenn andere Sie irritieren.

Sie könnten abwinken, schriftliche Ziele seien unromantisch und ein Fall für Bürokraten. Aber Nichts zerstört eine Beziehung mehr als das Raufen um ungeklärte Vorhaben.

Pflegen und nicht erdrücken

Eine Partnerschaft, um die sich beide nicht kümmern, geht ein. Das ist wie in einem Kulturgarten: Pflanzen brauchen Licht, regelmäßig Wasser, hin und wieder einen Beschnitt, Dünger oder neue Erde, Schutz vor Wühlmäusen; umgekehrt kann man Büsche und Blumen totpflegen, zu viel gießen, zu dicht pflanzen. Ebenso erdrückt zu viel Fürsorge und Kontrolle die Liebe.

Will man die Vorteile einer Partnerschaft genießen, sollten beide die Nachteile in Kauf nehmen. Damit die Liebe dauerhaft hält, räumen Sie Stolpersteine aus dem Weg, so wie Sie in Ihrem Garten Unkraut zupfen.

Mögen wir zwar in einer Wettbewerbsgesellschaft strampeln, so ist Konkurrenz in einer Beziehung töricht! Wozu sollten Sie Ihren Partner ärgern, bekämpfen oder beneiden, wenn Sie gegen denselben Gegner spielen? Im Crash, Krise oder Bürgerkrieg haben Sie keine Kraft, zusätzlich eine kaputte Ehe zu reparieren. Halten Sie Ihre Stube rein.

Was sich liebt, das neckt sich, spricht der Volksmund. Räumen Sie Stolperfallen aus dem Weg, sofern sie auftauchen:

Stolperstein Nummer eins ist die Angst: Erzählen Sie Ihrem Partner, was Sie bedrückt, selbst wenn es unangenehm ist. Hören Sie zu, wenn Ihr Gefährte seine Sorgen von der Seele reden will. Jeder darf sagen, was er fühlt und denkt. Erwarten Sie nicht, Ihr Partner würde für Sie ein Problem aus der Welt schaffen.

Fremde Maßstäbe sind die zweite Falle: Ihnen begegnen Menschen, die anders werten als Sie. Möglicherweise trifft das auf die Mehrheit zu; viele Hamsterradler werden bis zur letzten Kreditrate strampeln und fragen, ob Sie bei den niedrigen Zinsen noch zur Miete wohnen. Erinnern Sie sich, für Ihre Partnerschaft gelten Ihre Regeln.

Dritter Stolperstein ist die Heuchelei: Spielen Sie niemals vor, etwas Besseres zu sein, als Sie sind. Vielleicht liebt Ihr Partner Sie gerade deshalb. Sie würden Kraft vergeuden, wenn Sie an Ihrer Fassade putzen, um Eindruck zu hinterlassen.

Weichen Sie keiner Entscheidung aus, das ist die vierte Falle. Probleme, die unter den Teppich gekehrt werden, fangen an zu stinken. Weglaufen, ignorieren, schönreden; daran zerbrechen Ehen. Im Streit ist nicht von Bedeutung, wer Recht hat; wesentlich ist, was beide als richtig betrachten. Und man muss nicht jede Mücke zum Elefanten aufblasen.

Zum Schluss kommt der fünfte Stolperstein, das Beschuldigen: Wollten Sie Ihren Partner vergraulen, geben Sie ihm die Schuld, wenn die Liebe hakt. Dieses Pokerspiel verhindert, nach Ursachen zu suchen. Schauen Sie nach Lösungen, wenn etwas nicht stimmt.

In der Partnerschaft kann jeder noch glücklicher sein als allein: Freude, Lachen, Erfüllung... mögen die Zeiten auch rau sein.

Beispiel: Wer Johanna nicht versteht, würde sie als beißende Managerin beschreiben: Mitarbeiter fürchten ihre Anrufe, ihre E-Mails, ihr gnadenloses Fordern von Überstunden; die Chefin delegiert, bestimmt, kontrolliert, maßregelt und setzt angedrohte Strafen durch. Johanna leitet in einem DAX-Konzern ein Veränderungsprojekt, unterstellte Change-Manager und Moderatoren feuert sie, wenn ihr die Leistungen nicht passen.

Privat scheint die Managerin anders zu sein. Ich trinke mit ihr in einer ruhigen Minute einen Kaffee, sie erzählt liebevoll von ihrem Partner, der als Florist arbeitet. Bernd gelingt es, Johanna mit kleinen Aufmerksamkeiten zu überraschen. Sie mag das, aber ich glaube, dass nur ihr Freund dies darf. Zum Beispiel findet Johanna morgens im Kleiderschrank drei Likörgläschen, in die Bernd Rosenblüten gestellt hat. Dabei liegt ein Zettel mit den Worten: „Schön, dass es Dich gibt." – die „Eiskalte" freut sich wie ein Kleinkind.

Kompakt

- Das Kettenspiel Sozialstaat reißt und gibt der Familie die Verantwortung zurück.
- Kindermangel ist die Folge, weil Frauen und Männer gegeneinander aufgehetzt werden: Die Manipulation füllt die Kassen anderer, zerstört die Familie und lässt die Bevölkerungszahl abstürzen.
- Es ist natürlicher Trieb, mit dem anderen Geschlecht, Kinder zu zeugen.
- Der Brutpflegetrieb gewährleistet alles, um die Nachkommen großzuziehen.
- Gleichgeschlechtliche Beziehungen sind akzeptiert, bleiben jedoch kinderlos.
- Der Geschlechterhokuspokus wird aus finanziellen Gründen verschwinden.
- Sex ist ein natürliches Bedürfnis, er ist schön, gesund und kostenlos. Aber er ist nicht zwingend notwendig.
- Insbesondere in Krisenzeiten brauchen Sie eine stabile Partnerschaft!
- Beziehungen scheitern, wenn zwischen Anspruch und Realität eine Kluft besteht. Trennen Sie sich von überzogenen Erwartungen.
- Die Partnerschaft macht Sinn, wenn beide mehr erreichen als allein.
- Gemeinsame Ziele verbinden.
- Die Beziehung geht ein, wenn Sie nicht gepflegt wird. Räumen Sie Stolpersteine aus dem Weg, bevor es zu spät ist.
- Machen Sie Ihrem Partner jeden Tag eine Freude.

Schön, dieses Gefühl der Liebe... doch wie sieht es mit der Arbeit aus?

11 Jenseits der Gängelbänder

So geben Sie Ihrer Arbeit einen Sinn

> *„Wer nicht arbeitet, verschmach-*
> *tet vor Langerweile und ist allen-*
> *falls vor Ergötzlichkeit betäubt*
> *und erschöpft, niemals aber er-*
> *quickt und befriedigt."*
>
> Immanuel Kant (1724-1834)

„Wenn mit Susi etwas nicht stimmt, bekomme ich eine SMS", erklärt Robert Domhardt. Er betreut einen Messestand auf der Grünen Woche in Berlin. Susi heißt eine Milchkuh, sie schlendert in einem Gehege zu einem Abteil, das mit Gittern begrenzt ist, sie frisst aus einem Kasten, gleichzeitig tasten Roboterarme ihre Zitzen, reinigen, docken an und melken. Der Kuh gefällt der Vorgang, denn das Euter wird erleichtert. Susi verlässt gesättigt die Box und Kuh Petra geht zum Melkautomaten. Dieser erkennt, welches Tier die Milch abgibt und Sensoren erfassen Temperatur und Menge.

Robert Domhardt greift in sein Jackett, zückt ein Smartphone und zeigt eine Software, welche meldet, wenn Daten einer Kuh von der Norm abweichen soll-ten. Das käme selten vor, wichtig sei, dass es allen Tieren gut geht und der Bauer reagieren kann.

Ein anderer Messestand präsentiert einen Traktor, der Samen in die Erde setzt. Ein Bordcomputer steu-ert: Je nach Boden und Pflanzensorte regelt die Ma-schine, wie tief ein Korn in die Erde versenkt wird und wie viele Zentimeter zwischen den Löchern opti-mal sind. Im Freigelände erfolgt die Aussaat blitz-schnell als würde eine Stickmaschine den Acker durchlöchern. Vorbei die Zeiten aus dem Geschichts-buch, in der ein Sämann über das Feld schlendert, in die Umhängetasche greift und Körner durch die Luft wirft.

Illusion 1: Landarbeiter

„Wir mussten in unserer Jugend auf den Acker", tönt der Großvater. Das war nach dem Zweiten Weltkrieg. Seither stieg die Produktivität in der Landwirtschaft so stark, dass drei Prozent der Bevölkerung genügen, um jeden mit Nahrungsmitteln zu versorgen. Niemand hungert, keiner buddelt mit dem Spaten, um Kartoffeln anzubauen. Wir sollten froh sein, dass die Technik erledigt, was vormals Tausende tun mussten.

Es wäre die erste Illusion zu glauben, auf dem Acker würden Jobs entstehen. Selbst wenn nach einer Währungsreform keine Kredite fließen, um die neuesten Mähdrescher zu kaufen, selbst wenn in der Milchviehanlage der Strom ausfällt – zugegeben ein Horrorszenario; den Bedarf an hunderttausenden Bauern wird es nicht geben.

Prognosen können zutreffen oder nicht

Wir stehen am Vorabend von Umbrüchen, die gravierender nicht sein können: Banken gehen unter, Währungen verlieren Wert, überschuldete Staaten implodieren. Dadurch werden massenhaft Arbeitsplätze verschwinden, und zwar diejenigen, welche es gibt, weil die Schuldenspirale höher und höher dreht.

Wohlfahrtsstaaten erbeuten und verteilen zirka die Hälfte des Sozialproduktes. Deshalb werden Millionen von Staatsdienern gehen, wenn sich der Sozialismus als unbezahlbar erweisen wird. Es ist unmöglich, eine seriöse Prognose über die Fabriken und Schreibstuben im Jahre 2030 zugeben. Diejenigen, die das tun, malen naiv den Status fort, was heute ist. So begegnen Ihnen Politiker mit Wunschbildern oder Apostel, welche eine High-Tech-Zukunft zu sehen glauben, ohne zu erklären, wer Bedarf hat und wer bezahlen kann.

Die Arbeitswelt wird sich komplett wandeln, ein Ausblick wäre die Lösung einer Gleichung mit zu vielen Unbekannten - unmöglich. Was tun? Ich schlage vor, die heutigen Stellen anzusehen und zu überlegen, ob diese im Jahre 2030 tragen. Trennen Sie sich von Scheinbildern, um nicht im toten Teich zu fischen. Das Eingangsbeispiel zeigt, dass nur Wenige einen Job in der Landwirtschaft finden.

Illusion 2: Industriearbeiter

Das Bedienen von Werkzeugmaschinen und das Fahren von Gabelstaplern taugt nicht, neue Jobs für die Masse zu schaffen – im Gegenteil.

Beispiel: Wenn Sie ein neues Auto kaufen, möglicherweise ein Volkswagen, dann gönnen Sie sich das Vergnügen, Ihr Fahrzeug in der Autostadt Wolfsburg abzuholen. Buchen Sie eine Rundfahrt durch das größte, überdachte Autowerk der Welt: Sie spüren das dumpfe Hämmern der Pressen, Sie beobachten in mehreren Hallen Roboter, welche Blechteile zusammenschweißen. Ihr Betreuer von VW sagt möglicherweise: „Sie sehen im Karosseriebau keinen Menschen und wenn Sie einen sehen sollten, schlagen Sie sofort Alarm! Ich müsste den Werkschutz rufen, denn die Person hätte dort nichts zu suchen."

An den Fließbändern hantieren Personen in Arbeitskleidung und Schutzschuhen - noch. Diese Industriearbeit ist bei Minutentakt im Schichtbetrieb schwere Mühe. Warum sollte es erstrebenswert sein, Gummidichtungen zwischen Blech und Glasscheiben zu klopfen? Der Lohn mit Schichtzulage? Der vermeintlich sichere Arbeitsplatz? Der Ruf des Arbeitgebers?

Aus den Produktionsbetrieben verschwindet der Mensch wie einst das Pferd aus der Landwirtschaft; wir sollten glücklich sein, dass Maschinen die Arbeit erledigen. Sie treffen allerdings Politiker, die Betroffenheit heucheln, wenn Gesellen von ihrem Los befreit werden, Schrauben eindrehen zu müssen.

Durch Automatisierung gehen mehr Arbeitsplätze verloren, als dass neue Werkbänke entstehen. Dieser Trend wird sich fortsetzen:

Beispiel: Der Bekleidungshersteller Adidas gibt 2016 bekannt, in Deutschland wieder eine Schuhfabrik zu bauen; die Wertschöpfung wandert zurück aus Fernost, wobei Unterschiede bei Löhnen nicht den Ausschlag geben: In der Fabrik wird künftig niemand arbeiten, es besteht kein Bedarf an Schustern und Nähern; Roboter und 3D-Drucker produzieren Schuhe und Kleidung wie ein Maßschneider.

Meiner Überlegung nach ist das möglich: Ein Kunde vermisst seinen Fuß, er gibt die Werte in eine Datenmaske, wählt Sohlentyp, Modell und Farben, kauft die Software, welche die Fabrikanlage zu steuern vermag; Bestellung, Auftragsabwicklung, Produktion und Versand regeln Computer. Woher der Kunde allerdings das Geld nimmt, um zu bezahlen, das ist eine andere Frage. Der Autopionier Henry Ford (1863 – 1947) entlohnte vor hundert Jahren seine Mitarbeiter überdurchschnittlich, er begründete dies damit, dass Autos keine Autos kaufen. Ebenso werden Schuhe keine Schuhe erwerben.

Sie könnten einwerfen, dass unter Schlagwörtern wie Big Data oder Industrie 4.0 eine neue Periode des Wachstums beginnt. Was soll bitteschön neu sein? Alle Technologien sind bekannt, nichts muss erfunden werden, mögen die Parolen mit Nummern oder in Anglizismen umgepackt sein. Neue Arbeitsplätze entstehen nicht, im Gegenteil. Freuen Sie sich, dass die

Technik Angestellte von ihrem Knechtsdienst befreit. Aber schlussendlich bleibt die Frage: Wohin gehen die Leute?

Illusion 3: Bürojob

1995 arbeite ich in einem deutschen Konzern, es gilt die Faustformel: Zwei Drittel der Angestellten besorgen die Produktion, ein Drittel der Leute erledigen die Büroarbeit. Das Verhältnis verschob sich, heute heißt es: die eine Hälfte an die Maschinen, die andere an die Schreibtische.

Das lässt vermuten, der Job im Büro sei der sichere. Ich denke, in den Fabrikhallen stieg die Produktivität schneller als in den Verwaltungen. Doch die Büroarbeiter schließen auf. Das können Sie mir glauben, ich berate seit zwölf Jahren Unternehmen, um Abläufe in der Verwaltung zu verbessern.

Zum einen helfen Computer, einfache Eingaben zu automatisieren. Andererseits zieht jeder Job Verschwendungen nach, die keinen Wert schaffen, wodurch ein Drittel der Arbeitszeit verloren geht, denken Sie beispielsweise an die Flut von E-Mails. Trauern Sie nicht, wenn ein Bürojob wegfällt, bemerken Sie, dass die Betroffenen nicht mehr in Besprechungen Lebenszeit absitzen.

Sie könnten protestieren, ich suggeriere, Kopfarbeit am PC sei auf Tastaturen hämmern, im Internet surfen und Kaffee trinken. Nein, denn Anlagen werden konstruiert, Aufträge eingegeben, Rechnungen gebucht, all dies wird gemacht; allerdings werden künftig weniger Leute gebraucht. Worin besteht übrigens der Unterschied: Getreide mähen, Motoren montieren oder Zahlen tabellieren?

Dramatischer wird der Stellenabbau, wenn die Schuldenlawinen abgehen: Massen von Betrieben, Handelshäusern, Banken, Versicherungen und Behörden schließen: Betroffen sind alle Tätigkeiten, deren Nutzen fraglich ist. Wozu Bäume fällen, Papier herstellen, Formulare drucken, ausfüllen, abheften und archivieren? Sie finden reihenweise Arbeiten, auf die verzichtet werden kann. Heute scheitern zum Beispiel Versuche, ein einfaches Steuersystem zu installieren. Warum? Tausende Prüfer von Listen, Steuerberater, Gehilfen und Finanzbeamte wären über Nacht arbeitslos.

Wie sicher sind Posten, die wie ein Fels in der Brandung zu stehen scheinen? Beispielsweise die Stellen in der Automobilindustrie? In Deutschland sind 45 Millionen Personenkraftwagen zugelassen: Was passiert, wenn VW, BMW oder Opel ein Jahr verzichten, Autos zu bauen, die Fabriken schließen und die Angestellten nachhause schicken? Die Autofahrer könnten damit leben. Oder welches Medikament muss in den nächsten drei Jahren entwickelt werden? Keines.

Illusion 4: Führungskraft

Wenn der Job Lokführer, Fleischverkäufer oder Zahlenanalyst nicht genügt, drängt es viele auf die Karriereleiter: Chef werden! Die Gründe mögen vielfältig sein: höheres Gehalt, eigenes Büro, Dienstwagen, besseres Ansehen bei Freunden, der Familie und dem anderen Geschlecht.

Den Schlüssel zum Aufstieg soll die höhere Bildung bringen - das glauben die meisten. Hier liegt mehr Täuschung als Wahrheit. Sehen Sie nach Südeuropa, die Hälfte der Jugend ist arbeitslos trotz Ausbildung, in Deutschland hocken Millionen Studenten auf den Hochschulen, das ist das Gleiche.

Beispiel: Christian Kurz studiert Betriebswirtschaftslehre: „Meine Marketing-Professorin sagt, dass wir nach dem Abschluss die Stelle des Marketingleiters

*antreten werden - die Wirtschaft suche händeringend
danach." Wissen Sie, wie viele mutmaßliche Abtei-
lungsleiter in deutschen Hörsälen Tempeltänze auf-
führen und verblöden?*

Massen junger Leute landen mit dem Crash auf der
Akademikerhalde, weil die verordnete Kompetenz
niemand braucht. Mir tun die Studenten leid.

Verstehen Sie mich nicht falsch, ich wolle Zeilen
loswerden, um Hochschullehrer oder Manager zu
beleidigen. Ich habe als Controller gearbeitet, Top-
Managern gedient, ich führte eine Abteilung mit vierzig Mitarbeitern, ich beriet Führungskräfte und
schrieb einen Managementratgeber. Alle Aufgaben
machte ich gern und ich wurde gut geführt.

Aber ich treffe in zwanzig Jahren Industriearbeit
keinen Manager, der durch seinen Job glücklicher
geworden wäre. Sicherlich gefällt es manchem, den
Status zu zeigen und Macht auszuüben; aber das sind
die schlechten Führungskräfte, die dem Herzinfarkt
näher stehen als Ihre Untergebenen.

Karriere machen ist einfach: gehorchen, dabei sein,
Treue und Demut zeigen, Ja-Sagen, Befehle ausführen. Je höher Sie in einer Hierarchie steigen, umso
geringer wird zwar die Zahl der Leute, die Ihnen be-
fehlen, aber der Druck auf Ihre Person wäre härter. Es
ist wie im Pferdegespann: Die ziehenden Gäule bekommen die meiste Dresche. Wollten Sie das?

Nach oben kommen ist das Eine, oben bleiben das
Andere. Karriere bedeutet kämpfen, rangeln in Hie-
rarchien, ertragen von Demütigungen, abwehren derer, die an Ihrem Stuhl sägen. Für was? Für wen? Fürs
Geld? Vergessen Sie nicht, dass nur zwei Dinge knapp
sind: Ihre Zeit zum Leben und Ihre Gesundheit.

Erfüllung finden Sie nicht beim Klettern im Organigramm einer Karriereanstalt, egal ob die Firma dem
Staat gehört oder Privatpersonen.

Illusion 5: Bildungsabschlüsse

Es war einmal das Humboldt'sche Bildungsideal: Ein junger Mensch geht in eine Universität, um sich zu bilden. Nicht, um ausgebildet zu werden, das ist etwas anderes: Ersteres ist aktiv, Letzteres passiv. Im Vorlesungsverzeichnis wählt der Lernende die Gebiete, die ihn interessieren und er erforschen möchte. Liegen Abschlüsse in verschiedenen Fächern vor, erwirbt der Student einen akademischen Titel.

Was ist aus dem Ideal geworden? Heute ziehen junge Leute auf Hochschulen, um studiert zu werden. Das erkennen Sie beispielsweise an Stundenplänen, die vorgegeben sind und an der Pflicht zur Anwesenheit. So sind Lehranstalten zu Behörden verkommen, die Studenten zu Arbeitssklaven abrichten. Das Zuckerbrot nennt sich Beurteilungen und Noten, später folgen Gehalt, Zielvereinbarung und Beförderung.

Warum gibt es wenig Unternehmer? Wieso suchen Absolventen lieber eine Anstellung in einem Amt oder in einem Großkonzern? Das liegt daran, dass Lehrer und Professoren beim Staat verbeamtet sind und von dort Bezüge erhalten. Nicht das Studium zu eigenständigen Menschen steht im Vordergrund, sondern zu lernen, wie man sich einordnet.

Gehen Sie davon aus, dass mit dem Wandel der Epoche viele Experten aus den Logen fallen, weil die Lehren keiner mehr glaubt! Wenn beispielsweise Firmen und Banken kollabieren, plausible Erklärungen fehlen, dann brauchen Sie keinen Kurs „Innovationsmanagement" besuchen.

Das sogenannte Bildungswesen erzieht zu vielem, aber nicht dazu, aus eigener Kraft ein freier Bürger zu sein. Sie könnten eine Reihe von Missständen aufzählen, eine davon ist die Geisteskrankheit, die Muttersprache Deutsch zu zerstören. Die Seuche beginnt an den Hochschulen und zieht sich durch alle Schichten.

Beispiele: Selbst wenn die mittelständige Firma aus Württemberg auf dem Acker steht, der Personalleiter nennt sich neuerdings „Leiter Human Ressource" – keiner fragt, was die Narretei soll. Unternehmen schmücken sich als „Hidden Champion", die Manager als „Head of…", die Angelegenheit wirkt drollig, wenn Einheimische im Dialekt ihre Titel aufsagen.

Ich erlebe auf einer Fachtagung Herrn Garcia Sanz, den Zentralvorstand für Beschaffung im Volkswagen-Konzern, den Chefeinkäufer aller Marken wie VW, Audi, Skoda, Porsche und andere. Sanz bemerkt in seinem Vortrag, er wundere sich - als Spanier dürfe er das sagen - warum deutsche Kollegen Anglizismen reiten, anstatt die deutschen Begriffe zu verwenden; zum Beispiel wäre für „Supply Chain" das Wort „Lieferkette" treffender.

Sie könnten einwenden, wegen der Globalisierung sei Englisch gängig. Wieso bekommt die Zielgruppe Rentner im Radio präsentiert:„What ever you do… düdeldüdel blabla… you feel all right… die neue Apotheken-Umschau ist da?" Grausamer Mumpitz.

Der Buchmarkt vertreibt einen Managementratgeber von mir, den der Verlag Wiley-VCH publiziert. Wiley ist eine amerikanische Verlagsgruppe, die Autorenrichtlinie schreibt mir vor, dass die deutsche Sprache zu verwenden ist, englische Begriffe sind zu übersetzen.

Mich fragt an anderer Stelle ein Literaturkritiker: „Wie übertragen sie dann das Wort „Compliance" ins Deutsche?" „Gar nicht, ich sage den Leuten, sie sollen sich redlich benehmen und nicht bestechen lassen." „Das geht natürlich auch", stimmt der Kritiker zu.

Die Folge der Sprachschluderei: Wir verstehen uns nicht. Mein Tipp: Reden Sie Deutsch. Sprechen Sie Ihre Dialekte, egal ob bayrisch, schwäbisch, sächsisch, friesisch oder hochdeutsch. Wenn ein mutmaßlicher Experte Sie mit Anglizismen einseifen will, *fragen Sie, was es bedeutet. Lassen Sie sich erklären, staunen Sie über vornehmes Winden und lächeln Sie.*

Der Schauspieler Klaus Kinski wuchs in Polen auf, er war äußerst sprachbegabt und drehte Filme auf Deutsch, Italienisch, Englisch und Französisch; Kinski schreibt: „Die deutsche Sprache ist eine der schönsten und ausdrucksvollsten aller Sprachen - wenn man sich ihrer Kraft bedient!"

Bildung ist wichtiger denn je. Entscheidend ist, was Sie lernen und zweitens von wem. Die alten Lehren können nicht die neuen sein, meiden Sie Theorien, die Sie in die Irre geführt haben. Suchen Sie im humboldtschen Sinne nach Wissen, dass Ihnen nützt.

Und wer ist schuld?

Manipulation, Desillusionierung, Jobverlust, Verfall der Werte, finanzielle Repressionen, Fluten des Landes mit Menschen anderer Kulturen... Was geschieht in den Tagen der Abrechnung?

Die Wut der Bürger wird grenzenlos sein. Denjenigen, die bis zum Ende an ihren Sesseln kleben, das Land an die Wand fahren, heitere Miene zum trostlosen Spiel heucheln, wird Hass, Zorn und Verachtung entgegenschießen.

Massen von Akademikern werden auf den Arbeitsmarkt fliegen, der Kampf um jeden Arbeitsplatz wird brutal. Sollten Sie zu der Gruppe der Öko-, Bio- oder sonstiger –logen gehören und den vom Staat bezahlten Dienern, dann wäre es besser, Sie schauen sich rechtzeitig nach einer anderen Beschäftigung um.

Am Ende des Wohlfahrtsstaates verblühen diejenigen, die sich von ihm nähren. Ihr Vorteil besteht darin, dass Sie Gängelbrüder nicht durch eine Revolution beseitigen müssen; diese schaffen sich selbst ab, weil der Sozialstaat am eigenen Fett erstickt.

Das klingt verachtend, doch denken Sie an das Gleichnis mit dem Seerosenteich: Wie sieht dieser am Tag 102 aus, wenn die toten Fische das Wasser bedecken?

Beobachten Sie kritisch, wer sich für die neue Elite anbietet. Beispielsweise windeten sich nach dem Dritten Reich Mitläufer durch, nach dem Zerfall der DDR krochen Wendehälse hoch, die auch im alten System am Ruder saßen. Gewiss gibt es Entscheider, die erkennen, dass sie irrten; Sie dürfen allerdings verlangen, dass diese Fehler zugeben.

Wer hat(te) Schuld am Untergang? Dieses Thema wird für unzählige Diskussionen auf den Straßen, in Kneipen und Vereinen sorgen. Schlussendlich wird man sich für einen Schuldigen entscheiden, einen Bösen. Zum Beispiel die bösen Politiker, die bösen Banker, das böse Finanzwesen, der böse Putin, der böse Islam, die bösen Neonazis. Hauptsache, jemand anderes bekommt die Schuld angeheftet.

Der Böse dient als Projektionsfläche, um daran die Verantwortung zu kleben. Dort wird Frust abgelassen und der Ärger abgerieben. Das ist eine menschliche und verständliche Reaktion, solange es ohne Gewalt geschieht. Reden Sie, schreien Sie, reagieren Sie sich ab; doch stoppen Sie rechtzeitig, sonst geraten Sie in Raserei.

Die alten Wahrheiten gehen und machen Platz für neues Wissen. Das ist Ihre Chance! Vor Ihnen liegt das Morgen; egal wie alt Sie sind und was Sie tun.

Beispiel: Ich moderiere 2012 einen Workshop mit zwölf Ingenieuren, die am Fahrwerk eines Autos entwickeln. Ein älterer Herr fällt mir auf, er engagiert sich auffallend gut, schlägt Lösungen vor, obwohl er noch drei Wochen zu arbeiten hat. Danach verlässt der Spezialist nach vierzig Jahren die Entwicklung von VW in Wolfsburg. Ich frage, warum er so begeistert sei: „Hannover!". Der Ingenieur schwärmt, dass er Geschichte studieren werde, das hätte ihn seit seiner Kindheit interessiert, nun macht er das, die Familie finde es gut: „Ich nehme den Zug, meine Frau will mich jeden Tag zum Bahnhof bringen und am Abend wieder abholen."

Die Botschaft ist nicht, lernen Sie Geschichte, sondern: Sie können jederzeit Neues beginnen. Sie könnten sogar als Achtzigjähriger Japanisch einüben, das funktioniert blendend, wenn Sie sich in eine Japanerin verlieben.

Entscheiden Sie, was Ihnen guttut. Sie brauchen keinen Vordenker, dem Sie hinterherdenken, was dieser vorausgedacht hat. Sie haben zwei Augen, zwei Ohren und einen Kopf. Ihr Gehirn ist ein neuronales Netz, das im Bund mit Ihren Emotionen jedem Computer überlegen ist. Glauben Sie an sich, dann meistern Sie die Zeitenwende.

Wandel 1: Ihr Verhältnis zur Arbeit

Sie wissen, dass hunderttausende Jobs verschwinden, sei es durch die Technik oder den Zusammenbruch. Der Verlust ist nicht schlimm, jedoch werden wir die Frage nach Sinn und Zweck der Arbeit neu beantworten müssen.

Voltaire sagte vor über zweihundert Jahren, die *„Arbeit befreit uns von drei Übeln: Langeweile, Laster, Not."* Aber Schaffen, um die Zeit totzuschlagen? John Locke (1632-1704), der geistige Vater des Liberalismus sagte: *„Arbeit, um der Arbeit willen, ist gegen die Natur."*

Wohlstand erfordert Arbeitsteilung, den Tausch und den Handel. Fragen Sie sich:

- Was gebe ich?
- Was bekomme ich dafür?

Indem Sie wissen, für wen Sie nützlich sind, was Sie gut können, finden Sie Ihre Berufung. Prüfen Sie, ob Ihre Fähigkeiten gesucht sind, oder ob Sie einen neuen Beruf brauchen. Nichts ist von Dauer, was heute nötig erscheint, kann morgen überflüssig sein. Vertrauen Sie Ihrem Menschenverstand, halten Sie die Augen auf; wahrscheinlich werden praktische Tätigkeiten gefragter sein als heute.

Schaffen Sie nicht mehr, als notwendig. So sagt der französische Schriftsteller Michel Houellebecq (geb. 1956):

„Wenn man versucht, ein Leben zu führen, dann ist das mit Arbeit und vor allem mit Konsum unvereinbar."

Einen Job auszuführen bedeutet nicht, zwangsweise angestellt zu sein. Sie können sich jederzeit den Wunsch nach einer eigenen Firma erfüllen. Doch bedenken Sie, alle Risiken übernehmen Sie selbst: Beschäftigungsrisiko, Gewinn-, Verlust-, Kranken- und Rentenversicherungsrisiko.

Möglicherweise können Sie sich darum besser kümmern. Aber Ihnen begegnen viele Menschen, die Sie warnen, ohne staatliche Absicherung zu schuften. Nehmen Sie Bedenken zur Kenntnis, aber Sie wissen, dass die sicher geglaubten Posten und Fallnetze alles andere als zukunftsfähig sind. Spielen Sie das Szenario in Gedanken durch, für sich selbst verantwortlich zu sein.

Ich war zehn Jahre angestellt, seit über zehn Jahren arbeite ich selbstständig und habe es nie bereut. Beides hat Vorteile. Mein Tipp an Sie: Kalkulieren Sie defensiv wie ein vorsichtiger Kaufmann. Zuerst fallen die Selbstständigen auf die Nase, die zu Beginn ein großes Büro einrichten und den Dienstwagen anschaffen, anstatt nach Kunden zu schauen.

Wandel 2: Ihre Aufgabe

Werte finden, Ziele formulieren, Tag für Tag handeln: Um diese Themen geht es in Kapitel sechs. Die Punkte will ich nicht wiederholen, um die Seite zu füllen, aber ich halte die Aspekte für wichtig, weshalb ich sie mit anderen Worten vertiefe.

Jeder Mensch braucht seine eigene Aufgabe und nicht irgendeine. Die Hingabe an eine Angelegenheit ist das beste Mittel gegen ein mentales Vakuum. Ihre Berufung mobilisiert Sie zu dem, was Sie sein können. Aufträge gibt es ohne Ende von A wie Abfall verwerten, über M wie Menschen betreuen, bis hin zu Z wie Zugmaschinen warten.

Mit Leidenschaft etwas zu tun, bedeutet nicht, das zu machen, was ein anderer befiehlt. Sicherlich gibt es Personen, die glücklich sind, wenn ein Vorgesetzter ansagt, was zu tun ist. Aber delegieren diese nicht die Verantwortung für ihr Glück nach außen?

Erfüllung finden Sie, wenn Sie tun. Oder wann sagen Sie von sich, Sie hatten einen guten Tag? Vermutlich waren es Stunden, in denen Sie bewegt haben, was Sie wollten. So geben Sie Ihrem Werken den Sinn, den nur Sie verstehen.

Wandel 3: Neue Wirkungskreise

Die kommenden Jahre werden furchtbar, deshalb sollten wir freundlich sein. Viele Jobs verschwinden, doch neue entstehen. Am sichersten verdienen Sie Geld, wenn Sie konkrete Bedürfnisse decken. Denken Sie regional statt global, der Crash dreht die Globalisierung zurück: Was sollte Sie zum Beispiel interessieren, wenn in Südafrika Fahrradventile fehlen, aber im

Haus nebenan die Dachluke klemmt. Schauen Sie sich um, die Aufgaben liegen auf der Straße.
Investieren Sie Zeit, um Ihre Fähigkeiten zu erneuern. Wenn Sie etwas nicht können, aber gern beherrschen würden, dann lernen Sie. Nur Mut!

Beispiel: Gert Wiesinger aus Bern ist Kleinunternehmer. Er betreibt eine Wäscherei mit zwei Annahmestellen, zwei Dutzend Personen reinigen Hemden und Hosen. Die Kunden, die Mitarbeiter und Gert sind zufrieden, die Kasse passt.

Wiesinger erzählt, dass er ein neues Geschäft begonnen hat: ein Frisörsalon in Bern. Seltsam finde ich, denn Reinigung und Frisör würden nicht zusammen passen. Gert - er lebt übrigens mit der Krankheit Multiple Sklerose – ist lebensfreudig und optimistisch: „Bevor ich etwas mache, möchte ich das Geschäft begreifen".

Um die Personen im Haarstudio zu verstehen, besucht der Kleinunternehmer Weiterbildungen für Frisöre, er beobachtet, was Stylisten bewegt. „Drei Monate später entschied ich, einen Salon aufzumachen." Er gesteht, sich das einfacher vorgestellt zu haben, die Angestellten in der Reinigung ticken anders als die im Salon. Letztlich rentiert sich die Mühe.

Ich bemerke, dass ich nie auf die Idee gekommen wäre, einen Frisörladen aufzumachen, denn ich habe weder Ahnung noch Interesse, doch ich sage: „Beeindruckend dein Mut, Neues zu probieren."

Der Untergang des Schuldenstaates legt zahlreiche Beschäftigungsfelder offen. Freuen Sie sich! Traumhafte Möglichkeiten warten auf Sie. Schauen Sie beispielsweise in Länder wie Griechenland, welche Unternehmen entstehen: Ich vermute, dass Reparaturbetriebe eine Blüteperiode erleben. Denken Sie zum Beispiel an die Fahrräder, die zu hunderttausenden in den Kellern rumstehen. Oder die vollen Schuhschränke, in denen Millionen Treter liegen und vielleicht nur eine neue Sohle bräuchten...

Was 2025 sein wird, das weiß niemand. 1948, nach der Währungsreform, gab es lange keinen Kredit: Es hieß sparen, sparen und dann investieren. Das bedeutet zum Beispiel, dass mit Schulden überladene Hotelanlagen oder High-Tech-Firmen so schnell nicht wieder entstehen (können).

Fangen Sie an

„Glücklich ist, wer vergisst, was nicht mehr zu ändern ist."
Operette „Die Fledermaus", Musik von Johann Strauß

Sehen Sie auf Ihre Wurzeln: Was taten die Großväter, die Urgroßmütter? Was war anders? Warum funktionierte das Leben ohne Wahn? Warum waren die Alten glücklich und zufrieden?

Beispiel: Ich lebe in der Kurstadt Bad Mergentheim. Leider hat die Stadt im Land Baden Württemberg die meisten Schulden, verglichen mit anderen Gemeinden und Ländern mag das harmlos aussehen. Beispielsweise belastet den Haushalt das Freizeitparadies Solymar mit seinen acht Saunen, Vital- und Solebädern; die Freibäder sind finanziell angeschlagen.

Ich treffe Helga, eine 75-jährige Mergentheimerin. Die Dame betrieb viele Jahre ein Geschäft für Textilwaren, ich frage: „Wo hast du schwimmen gelernt?" Sie blickt erstaunt, eine solche Frage zu hören: „Na in der Tauber! Wo denn sonst?" Die Tauber ist ein Fluss, die alte Frau erzählt, welche Freude sie mit ihren Schulfreundinnen hatte. Heute sei das ja den jüngeren Leuten nicht mehr zuzumuten, ihre Enkeltochter würde niemals dort baden, die alte Unternehmerin ergänzt: „Außerdem, das Wasser ist sauber und viel besser als die gechlorte Brühe im Stadtbad."

Kompakt

- Millionen verlieren ihren Arbeitsplatz durch Implosion des Schuldenstaates.
- Verwerfen Sie Illusionen, eine sichere Stelle zu behalten und zwar in allen Branchen.
- Suchen Sie nach Wissen, dass Ihnen nutzt! Schauen Sie nach gefragten Fähigkeiten und lernen Sie gegebenenfalls Neues.
- Im Umbruch wird die Wut grenzenlos sein. Wahrscheinlich wird ein Böser präsentiert, der an allem die Schuld haben soll.
- Reagieren Sie sich ab, werden Sie Ängste los, doch stoppen Sie, damit Sie nicht rasend werden.
- Die alten Eliten gehen, neue werden kommen.
- Ihr Verhältnis zur Arbeit wird sich wandeln:
- Sie arbeiten, um Ihre Bedürfnisse zu decken, aber nicht mehr.
- Sie fragen: Was gebe ich? Was bekomme ich dafür?
- Prüfen Sie, ob Ihre Fähigkeiten noch gebraucht werden.
- Ziehen Sie in Betracht, sich selbstständig zu machen.
- Sie finden Ihre Berufung und den Sinn, indem Sie sich an Ihren Werten und Zielen orientieren.
- Es werden neue Arbeitsfelder entstehen. Der sicherste Weg, Geld zu verdienen, ist der, konkrete Bedürfnisse zu decken.
- Denken Sie lokal statt global, lassen Sie das Alte liegen und blicken Sie nach vorn.

Wie verhindern Sie, sich wieder zu täuschen?

12 Klarheit im Kopf

So vermeiden Sie, wieder getäuscht zu werden

> „Wenn unsere Zivilisation überlebt..., dann werden die künftigen Generationen unser Jahrhundert als ein Zeitalter des Aberglaubens betrachten."
>
> Friedrich August von Hayek (1899-1992), Nobelpreisträger für Wirtschaft

„Opa begann seine Jugend-Geschichten oft mit „damals im Krieg" – wir verkniffen uns auf Familienfeiern ein Grinsen, weil er nie aufhörte zu quatschen", sagt Kay Zeisel. Er sitzt mit Kim Strohauf in einer Bar, die beiden kennen sich aus der Schulzeit. „Und mein Onkel aus Sachsen erst: Der redet wie ein vornehmer Pinkel von „damals in der ehemaligen DDR". Das sei drollig und beide schmunzeln.

Kim: „Meine Oma umriss, wie die Hitler-Boys das Dritte Reich finanzierten." „Schieß los!" „Na mit der Druckerpresse, die Rechnungen wurden mit Mefo-Wechseln bezahlt, heute heißt das Zeug Staatsanleihen oder Bundesschatzbriefe - ach wie gut, dass niemand weiß, neuer Name, alter... gleiches Papier."

Die Freunde seufzen, Kim: „Wie werden wir in zwanzig Jahren über unsere Zeit reden?" „Bestimmt irgendetwas mit damals... damals vor der Größten Depression... oder damals im Kuschelstaat." Beide prusten vor Lachen, die Geschichte sei nicht zu Ende geschrieben.

Kay bedächtig: „Ich bat meinen Opa väterlicherseits, er soll mir bitte von der Kriegszeit erzählen, er wiegelte ab, Oma meinte, er schäme sich. Als ich nicht

locker ließ, versprach er, alles zu sagen, wenn ich
groß sei."
    Seine Schulfreundin guckt neugierig, er bemerkt:
„Dazu kam es nicht, Großvater starb, als ich achtzehn
wurde."

Die Bürger unte[r][n] halten?

Warum fährt Deutschland sprichwörtlich an die
Wand? Die Frage wird verdeckt gestellt, offiziell wird
die Realität verweigert. Es ist bequem, euphorisch
weiter zu siechen. Ich schreibe dieses Zeilen Mitte
September 2016: Am Stuhl der Bundeskanzlerin Mer-
kel wird gesägt, ihr wird die Wahlschlappe der CDU in
Mecklenburg Vorpommern angehängt, Berlin wählt
noch mehr Sozialstaat und die Zinsen bleiben am
Nullpunkt.
    Wenn ich Deutschland anschaue, sehe ich, wie Men-
schen Illusionen verteidigen: Noch nie in der Geschichte gab es eine so exzessive Verschuldungsorgie.
Zweifellos wird abgerechnet, ausgemistet und gerei-
nigt, damit neu begonnen werden kann.
    Andererseits posaunen die Nachrichten, dass
Deutschland wieder den Titel Exportweltmeister feiern kann, China ist auf Platz zwei verwiesen: 80 Millionen Deutsche überholen 1.357 Millionen Chinesen
und dies mit 310 Milliarden Euro Exportüberschuss.
    Sie können die „Heldentat" auch anders erzählen:
Die Nettosteuerzahler - das sind etwa 15 Millionen
Arbeitnehmer - erwirtschaften pro Jahr und Nase
über 20.000 Euro, die ins Ausland fließen. Als Ge-
genwert erhält das Exportmuli Schuldscheine, bei
denen zu bezweifeln ist, ob sie einlösbar sind. Die
hübschen Autos, die großartigen Maschinen gehen als
Geschenke ins Ausland. Anstatt die Torheit zu benennen, wird sich auf die Schenkel geklopft, ein fleißiger
Michel zu sein.

Wie ist es möglich, die Bevölkerung so zu täuschen? Das ist einfach, das funktioniert durch Manipulation: Die Einen bestechen, die Anderen nehmen die Gaben und sind dankbar.

An diesem Prinzip hat sich seit Jahrtausenden nichts geändert: Zuckerbrot und Peitsche: Der Wohlfahrtsstaat verteilt großherziger den Zucker in Form von Subventionen und Zuschüssen, die Peitsche schwingt er verdeckt vom Spitzensteuersatz bis zur Rundfunkgebühr. So beansprucht der Steuerstaat das halbe Inlandsprodukt, um Posten für sich zu schaffen und um mit Fördermitteln zu bescheren.

In der Geschichte finden Sie Parallelen, wie Wähler bestochen werden. Im Römischen Reich zum Beispiel versprach Clodius kostenlos Getreide für alle – er gewann die Wahl. „Mundus vult decipi, ergo decipiatur": Die Welt will betrogen sein, darum sei sie betrogen (Römischer Rechtssatz).

Heute glauben wir, freie Menschen zu sein. Tatsächlich ist der Bürger ein Steuer-, Bürokratie-, Kredit-, Bedürfnis-, Konzern- und Bildungs-Sklave, ohne es wahrzunehmen. So dreht der Multi-Sklave zufrieden seine Runden in den Hamsterrädern und findet, ein rechtschaffener Michel zu sein – oder Exportweltmeister.

Erst wenn der Bürger erkennt, dass er bestochen, betrogen, unten gehalten und unterhalten wird, dann hat er die Willenskraft, den Zustand zu ändern. Nur die glücklichen Sklaven opfern ihre Freiheit den Möhren, die vor ihrer Nase baumeln; Brot und Spiele gestern sind Geld und Konsum heute.

Was könnten Sie tun? Missionieren, aufklären? Das Land vor der Pleite retten? Lassen Sie diese geschehen. Das Römische Reich beispielsweise brach von allein zusammen, weil es dekadent und bankrott war. Warum sollten Sie den natürlichen Lauf bremsen? Zugegeben, es klingt ehrenwert, retten zu wollen. Aber hilft es, dem Kartenhaus die Pappwände zu halten, während andere weitere Kartons aufpacken?

Die Meisten wollen keine schlechten Nachrichten hören. Bleiben Sie deshalb im Verborgenen, das ist sicherer. Buffalo Bill (1846-1917) treffend: „Wer die Wahrheit sagt, muss ein schnelles Pferd haben."

Sie könnten abwinken: Den Revoluzzer-Quatsch tue ich mir nicht an, Verschwörungstheoretiker sollen zum Nervenarzt, ich genieße das Leben. Viel bequemer lebt es sich in der Masse, außerdem kann die Mehrheit nicht irren... Sie wären mit einer solchen Meinung in breiter Gesellschaft.

Vergleich: Lieber als Schaf mit Freunden in der Herde aufgehoben sein, als in freier Natur zu streunen: Im Winter bietet ein Stall Wärme, Gemeinschaft unter gleichen, rechts ein Schaf, links ein Schaf, garantiert ein A..., Verzeihung Hinterteil vor der Nase, eine Erkennungsmarke im Ohr, bei Regen ein Dach überm Kopf, die Behausung bleibt trocken, die Fäkalien werden ausgemistet, Medikamente sind dem Futter beigemischt, gelegentlich kommt ein Tierarzt. Was wollte ein Schaf mehr? Wozu diese Sicherheiten und den Komfort aufgeben?

Die Karrierestrategie in der Herde könnte sein, möglichst nah dem Schäfer zu kommen, sich zu erheben, wenn dieser geht, sich zu setzen, wenn der Führer sich hinlegt. Nur so gibt es das Extraleckerli. Sollte ein Schaf aus der Reihe tanzen und blöken, es hätte den Verdacht, der Schäfer und der Hund würden gemeinsame Sache machen, dann sorgt eines der Gut-Schafe für Ruhe, man solle nicht auf Verschwörungstheorien hören und weiterfressen.

Den Vergleich habe ich skizziert, denn Sie wissen, wozu die Herdentiere da sind. Wenn Sie als Bürger mit der Masse ziehen, dann mag es Vorteile bringen: Zugehörigkeit, Versorgung, Geld und vor allem nimmt eine Gruppe die Angst, als Sonderling zu gelten. Doch Sie kennen das Los der Schafe: regelmäßige Schur und Transport zum Schlachthof.

Leider ist es so, dass keiner ins Verderben rennt, wenn alle gehen. Nur wer anhält, macht das Abirren der Anderen sichtbar.

Wessen Brot ich ess, dessen Text ich schreib

Manipulation funktioniert, indem die gleiche Nachricht mehrmals wiederholt wird. Egal, ob die Botschaft richtig oder falsch ist: Oft genug vorgetragen, wird sie nach hoher Anzahl zur Wahrheit. Jetzt wissen Sie, warum Sie ein und denselben Werbespot immer und immer wieder hören. An dieser Stelle spielen die Medien als Überbringer die ausführende Rolle.

Kommt jetzt die Medienschelte? Das ist nicht die Absicht, ich halte die Meinungsfreiheit für ein höchstes Gut. Nicht umsonst sagt der Artikel Fünf des Grundgesetzes: „Jeder hat das Recht, seine Meinung in Wort, Schrift und Bild frei zu äußern und zu verbreiten und sich aus allgemein zugänglichen Quellen ungehindert zu unterrichten. Die Pressefreiheit und die Freiheit der Berichterstattung durch Rundfunk und Film werden gewährleistet. Eine Zensur findet nicht statt."

Und wenn Sie den Pressecodex anschauen, dann könnten Sie annehmen, sorgfältig recherchierte und wertneutrale Informationen zu erhalten.

Die freie Meinung ist das eine, doch haben wir eine freie Presse? Sie sollten zweifeln, denn die Medien sind eine Industrie zur Manipulation der Masse und das im Interesse der Eigentümer. Gehen Sie davon aus, dass wenige Dutzend Leute entscheiden, was in den Nachrichten kommt. Und was nicht. Eine Zensur findet durch Weglassen statt. Sehen Sie sich zum Beispiel in einem Hotel oder Kulturhaus alle Tageszeitungen an: Warum stehen auf den ersten zwei Seiten meistens die gleichen Botschaften? Schauen Sie auf die Quelle, woher die Berichte kommen, es ist oft dieselbe.

Betrachten Sie die Unternehmensgrundsätze von Medienhäusern, zum Beispiel die der Springer-Gruppe. Die Regeln sind öffentlich bekannt und klar formuliert. Angenommen, Sie wären als Redakteur angestellt, dann schreibt Ihr Arbeitsvertrag vor, dass Sie das transatlantische Bündnis stützen und mit der freiheitlichen Wertegemeinschaft der Vereinigten Staaten von Amerika verbunden sind. Fazit: Meinungsfreiheit hin oder her, Ihr Arbeitgeber bestimmt, wer die Guten sind. Wenn Sie eine andere Sicht haben, dürfen Sie selbstverständlich für einen alternativen Verlag schreiben.

In der Tat ist es schwierig, sich der täglichen Dauerpropaganda zu entziehen. Außerdem ist der Job eines Journalisten kein leichter. Die Berufsschreiber traten mit dem Motiv ihre Aufgabe an, Ihre Leser neutral und wertfrei zu informieren; sofern sie nicht als politisch korrekte Volkspädagogen hausieren. Glauben Sie ebenso nicht, dass der öffentlich, rechtliche Rundfunk Sie unabhängig mit Informationen versorgt, weil Sie zwangsweise Gebühren zahlen.

Was bleibt Ihnen? Gehen Sie auf Distanz, prüfen Sie Meldungen, ob Sie plausibel und vollständig sind. Welche Quellen werden genannt, wer schreibt den Artikel, war die Person vor Ort, welche Bilder sollen Sie ansehen? Sie haben als Kunde Macht: Die schreibende Zunft kämpft mit sinkenden Auflagen und gegen den Abbau ihrer Arbeitsplätze; die Presseleute wollen Sie erreichen, nicht umgekehrt. Ihnen ermöglicht das Internet, Alternativen zu betrachten.

Durch die Tage der Abrechnung

Im Niedergang wird abgerechnet und das bedeutet, alles mit Über*** wird implodieren: Überschuldung, Überfluss, Überinformation, Überproduktion, Überbeschäftigung und Überqualifikation.
Auf dem Weg streifen Sie eine Reihe von Repressalien wie Bargeldverbot, Negativzinsen, Zwangshypotheken, Steuererhöhungen... Lassen Sie sich überraschen, welche sogenannten Rettungsmaßnahmen noch kommen. Sie schauen gelassen zu, weil Sie vorbereitet sind.

Vermutlich ändern sich die Verhältnisse nicht auf friedliche Art. So wird beispielsweise niemand bereit sein, die Habe freiwillig abzugeben. Es kann nur einen Abriss auf die Grundmauern geben, ich wünsche mir, dass dies ohne atomaren Krieg geschehen wird. Besser Sie bejahen den Gedanken, dass die „heile" Welt bricht, ansonsten holt Sie die Realität schneller ein, als Ihnen lieb ist.

Was sollten Sie tun, wenn der Sturm tobt? In Deckung gehen, durchkommen, gesund bleiben, abwarten, bis sich der Staub verzieht. Plausible Vorschläge, was danach sein könnte, hat niemand. Ich kenne keine politische Partei, die das Thema Geld mit Zins und Zinseszinsen auf den Tisch bringt. Deshalb wäre es Gespensterglaube, die Regierung werde noch das Ruder rumreißen.

Sie könnten aktiv werden. Doch leider wissen viele Demonstranten zwar, wogegen sie sind, aber nicht wofür. Die Zeit wird zeigen, was sich formen wird. Fürchten Sie nicht das Chaos, in ihm wird das Neue geboren. Wahrscheinlich wird man sich auf das besinnen, was früher gut war: Werte, Traditionen, Tugenden und Familien.

Der Zusammenbruch ist Reinigung. Das braucht Sie nicht ängstigen, im Gegenteil; Angst würde nur in

Ihren Vorstellungen wohnen, Sie haben es in der Hand, neckende Gespenster zu verscheuchen.

In einigen Jahren fragen Sie, was getan werden kann, dass nie wieder eine Gesellschaftsordnung implodiert. Können Sie eine Gesellschaft entwerfen, in dem keine Regeln einschränken? Ich werde gelegentlich gefragt, was ich vorschlage. Ich bin weder in einer Partei noch Vertreter einer Lehre. Mir wären Verbote, von oben erlassene Vorschriften zuwider, deshalb würde ich zwei Erlaubnisse verordnen, nur zwei:

Erlaubnis I: Private Währungen sind gestattet.

Erlaubnis II: Das Eigentum ist gewährleistet.

Dadurch wäre ein Wohlfahrtsstaat unmöglich.

PS: Sollten Sie überlegen, in welche politische Schublade die Ideen gesteckt werden können; rechts, links, oben, unten, rein, raus, zwischen, blau, gelb... keine Ahnung, ich finde, dass die beiden Erlaubnisse eine natürliche Ordnung charakterisieren.

Erlaubnis I: private Währungen

"Ich bin ein höchst unglücklicher Mann. Ich habe unbeabsichtigter Weise mein Land ruiniert. Eine große Industrienation wird nun von ihrem Kreditsystem beherrscht. Unsere Regierung basiert nicht länger auf der freien Meinung, noch auf der Überzeugung und des Mehrheitsbeschlusses, es ist nun eine Regierung, welche der Überzeugung und dem Zwang einer kleinen Gruppe marktbeherrschender Männer unterworfen ist."

Woodrow Wilson (1856-1924), 28. Präsident der USA

Wilson unterschrieb 1913 den Federal Reserve Act (kurz FED), die amerikanische Zentralbank war gegründet. Wussten Sie, dass die FED in Privatbesitz ist? Wenige Familien entscheiden, wie viele Dollars für die Welt angemessen seien. Bis 1971 war der Dollar durch Gold unterlegt, Präsident Nixon kappte den letzten Anker. Seither ist das Papiergeldmonster von der Kette und wird von Jahr zu Jahr fetter. Die Banker legen außerdem die Benutzungsgebühr fest, das ist der Zins, der einmal nach oben und wieder runter gekurbelt wird. Das ist im Prinzip wie in Honeckers zentraler Plankommission.

Kapitalismus? Nein, das ist perverser Sozialismus. Und die Wenigsten bekommen es mit. Auf den Kathedern verteufeln Volkswirte noch immer den Goldstandard, den Regierungen vor hundert Jahren beendeten, um Geld drucken zu können. So wäre der Erste Weltkrieg nicht möglich gewesen, weil nach drei Monaten das Geld zur Neige ging. Ebenso hätte der Zweite Weltkrieg nicht getobt, weil das Gold ausgegangen wäre. Wenn Sie für Frieden in der Welt kämpfen, dann müssen Sie für gedecktes Geld sein! Nur dieses können Regierungen oder Diktaturen nicht per Knopfdruck vermehren.

Brauchen wir eine Zentralbank? Anders gefragt: Landeten 1913 Außerirdische auf der Erde und rieten, eine FED zu gründen? Oder war das ein Schildbürgerstreich? Erlaubnis I schafft das Geldmonopol ab, und zwar ganz einfach, es gestattet Alternativen.

Es wird sich schnell herausstellen, ob sich Bürger wieder Zettelgeld andrehen lassen. Wahrscheinlich setzt sich Geld durch, das seinen Wert behält; die Geschichte zeigt, dass echtes Geld überwiegend an die Edelmetalle Gold und Silber gebunden ist. Sollten Sie zum Beispiel Istanbul besuchen, dann können Sie im Archäologischen Museum Silbermünzen sehen, die Jahrtausende alt sind. Oder denken Sie an die Blütezeit des Kapitalismus im 19. Jahrhundert: Brücken, Kanäle und Eisenbahnen entstanden unter einem Goldstandard.

Zum Gold: Waren Buffet, einer der reichsten Männer der Welt, bezeichnet das Edelmetall als barbarisches Relikt – allerdings trägt er eine Uhr aus Gold mit goldenem Armband.

Sollte ein Bergmann in eine Goldmine einfahren, dann könnte er in Angst und Panik geraten: Das Erz liegt bis zu viertausend Meter unter der Erde, Temperaturen bis zu 60 Grad plagen die Kumpel, drei Stunden fährt der Fahrstuhl bis runter, das Wasser hat Badetemperatur, wer wollte dort schuften? Das Erz wird gehoben, gerüttelt, zerklopft und mit Unmengen Wasser gewaschen, um ein paar Krümel Goldstaub zu gewinnen.

Dieser wird geschmolzen, vom Dreck geschieden und zu Barren gepresst. Die Operation hinterlässt ein Umweltschaden nach dem anderen.

Dann buddeln Leute wieder ein Loch, gießen es mit Beton aus, legen das Gold rein, verriegeln die Höhle mit Stahltüren und stellen Wachmänner davor, um die Währungsreserven zu bewachen. In der Tat kann man dies als barbarisches Relikt auffassen.

Wäre es nicht besser, Ersatz zu nehmen? Beispielsweise könnten Zettel mit den Ziffern 10, 20 oder 50 bedruckt werden. Oder denkbar sind Lederläppchen groß wie Bierdeckel, in die man eins, zwei oder fünf Löcher stanzt. Noch besser wäre digitales Geld, dies wäre am einfachsten herzustellen.

In der Theorie funktionieren solche Modelle perfekt, in der Praxis gewisse Zeit. Und zwar bis zu dem Tag, wenn der erste Mitspieler anfängt, zu mogeln und beginnt, Geld zu verwässern. In der Geschichte gibt es zahlreiche Belege von Geldfälschern und wie denen das Handwerk gelegt wurde, Hand abhacken war eine Strafe.

Warum nur eine Milliarde Euro schöpfen, wenn die angehängte Null zehn ergibt? Sie finden, das sei Betrug? Woher kommen die Milliarden, mit denen die EZB jeden Monat einkauft?

Sie wissen, wieso das Spiel kippen wird. Haben Sie keine Angst, im Gegenteil, es verschwindet eine Lüge. Vermutlich werden die künftigen Währungen wieder an Gold, Silber oder einen anderen Warenkorb gebunden sein.

PS: Manchmal fragen mich Bekannte, was die Unze Silber in Euro wert sei, wenn es diesen nicht mehr gäbe? Ganz einfach: 31,1 Gramm.

Erlaubnis II: Das Eigentum ist gewährleistet

Ist das Gebot neu? Nein, schließlich steht im Grundgesetz für die Bundesrepublik Deutschland im Artikel 14, Absatz (1): „Das Eigentum und das Erbrecht werden gewährleistet. Inhalt und Schranken werden durch die Gesetze bestimmt."

Erlaubnis II interpretiert lediglich den zweiten Satz anders, und zwar dahingehend, dass man Ihnen nichts wegnehmen darf. Brutto gleich Netto. Sie entscheiden, was Sie zurücklegen, wie Sie vorsorgen, wie Sie sich um Ihre Gesundheit kümmern. Ich glaube, dass Sie das besser können als ein Sozialstaat.

Sie würden nicht nur Ihre Einkommenssteuer sparen, sondern bis zu 70 Prozent an verdeckten Steuern und Abgaben. Oh, ich höre die Keiferei, dass dies nicht ginge. Wieso nicht? Beschimpfungen kommen von denen, die fürstlich davon leben, Ihnen Ihr Geld wegzunehmen, um es im Namen der Gerechtigkeit zu verteilen.

Traumhafte Preise: Ich habe in der Automobilindustrie Systeme zum kostengünstigen Konstruieren gebaut, ich war Controller, Einkaufschef und leitete einen Arbeitskreis Kostenanalyse im Verband der

Maschinenbauer: Immer ging es darum, zu überlegen, wie ein Produkt günstiger hergestellt werden kann. Dazu wurde ein Produkt in seine Einzelteile zerlegt und diese in alle Kostenarten. Dabei kam ich wiederkehrend an Bestandteile, an denen sich die Kosten nicht beeinflussen ließen. In jeder Schraube, in jedem Gummiring, mit jedem Blatt Papier werden mitgeschleppt: Steuern, Abgaben, Zins, Zinseszins und Zinseszinszins. Wenn diese Schmarotzer entfallen, können Sie mindestens halbe Preisen realisieren, ohne die Parole „Gürtel enger schnallen" zu rufen.

Ein neues Auto zum Beispiel? 30 Tausend Euro? 15 Tausend sind drin mit Extras. Oder Sie trinken in der Wirtschaft das Bier für 1,50 Euro statt 3,00. Oder Ihr Handwerker kommt für 35 Euro pro Stunde und nicht für 70...

Wer finanziert die öffentlichen Bereiche? Wenn Sie beispielsweise gern in den Kurpark gehen, könnten Sie für Erhalt und Pflege spenden. Da Sie mehr Geld zur Verfügung haben als im Wohlfühlstaat, die Beete und Liegeflächen mögen, geben Sie gern und großzügig. Wenn Sie zu einem Lehrstuhl Genderforschung beitragen sollten, dann können Sie das tun, müssen aber nicht.

Leinen los

Die beiden Erlaubnisse machen einen Wohlfahrtsstaat nie wieder möglich:

Erlaubnis II (Eigentum gewährleistet) verhindert, dass ein Staat Steuern nach Belieben eintreiben kann. Wenn eine Regierung feststellt, sie müsse Kredite aufnehmen, um Wohlfahrt zu spenden, dann greift Erlaubnis I (private Währungen).

Fraglich, ob eine Bank Kredite gibt, denn wer würde Milliarden verleihen, wenn keine Sicherheiten geboten werden können? Diese hätte ein Staat nur, wenn er ohne zu fragen Steuern eintreiben könnte, was Erlaubnis II blockiert.

So würde die Staatsquote niederstürzen und unten bleiben, denn Sie haben die Kontrolle über Ihr gedecktes Geld.

Spiele: Leider wird das Monopoly-Spiel weniger spannend. Stellen Sie sich vor, Sie würden Ihre Freunde zum Abend einladen, aber verkünden, mit echtem Geld spielen zu wollen. Vermutlich würden Ihre Bekannten lächeln und abwinken. Denken Sie an den Bankhalter: „Bei Übertritt des Feldes LOS kann ich nicht in den Pappkasten greifen, Geldscheine rausnehmen... ich müsste 4.000 Meter unter die Erde, Gold schürfen." Kuriose Vorstellung. Spielen Sie trotzdem in guter Erinnerung an den Aberglauben, reich zu sein. Oder steigen Sie auf „Mensch-ärgere-dich-nicht" um.

Wahrscheinlich erschallt aus einer Ecke der Ruf nach einem starken Staat: Sozialistische Lösungsvorschläge erleben eine Wiedergeburt! Doch seien Sie sicher, sie funktionieren nicht. Das ist keine ideologische Aussage, sondern eine praktische Erwägung.

Ich bin in Ostdeutschland aufgewachsen und fragte 1992, warum die Wirtschaft der DDR zusammenbrach. Mein westdeutscher Professor für Volkswirtschaftslehre erklärte, dass die ideale Planwirtschaft der DDR zwar der kapitalistischen Wirtschaftsweise überlegen sei - theoretisch, aber real kann sie nicht funktionieren! Das liegt an der Unlösbarkeit des Planungsproblems.

Beispiel: Ich probiere, den Bedarf von Marmelade zu planen und das für siebzehn Millionen Ossis: Erdbeeren, Äpfel, Pflaumen, Orangen, Zucker... Gläser, Deckel... Kartonagen, das geht. Bei den Ressourcen

*fängt es an, zu knirschen... Hallen, Maschinen, Arbei-
ter... LKW? Störung, Störung. Störung, warum? Der
LKW fährt möglicherweise zur gleichen Zeit die
Schuhe. Fazit: Die Aufgabe ist nicht lösbar.*

*Was tun die Akteure im Kapitalismus? Was können
die besser? Die versuchen nicht, die Gleichung zu
lösen, Kunden und Hersteller machen unter sich aus,
welche Marmelade gefragt ist und welche nicht. Das
schließt ein, dass eine Firma in Konkurs gehen kann.
Würde man probieren, alles zu regeln wie einst in der
DDR, dann entstehen ulkige Autos (Trabi), Warte-
schlangen und die beste Mannschaft der Olympischen
Winterspiele.*

Wie Sie sehen, bin ich ein Fürsprecher des Kapitalismus, aber eines echten: Ehrliches Geld, das durch
Waren wie Gold und Silber gedeckt ist; Wahrung des
Eigentums. So wäre kein Wohlfahrtsstaat möglich, die
Arbeitsverteilungsbehörden verschwinden. Ein Großteil der Menschen wird selbständig sein. Geld verdienen und sich etwas leisten, am Anfang wird es auf
niedrigem Niveau sein, doch später erleben Sie ungeahnten Wohlstand.

An die Generation der Zwanzigjährigen

Ihr Vorteil ist, dass Sie am Anfang Ihres Erwerbsle-
bens stehen, wenn Sie den Untergang der Epoche
erleben. Ich bin 47 und nahe der Generation der 50-
70-jährigen. Wir hinterlassen Ihnen leider einen Sau-
stall. Verzeihen Sie uns, denn wir wussten nicht, was
wir anrichten.

In Kapitel 1 erzähle ich von Finanzminister Alex
Möller, der 1971 zurücktrat, weil er das Schuldenmachen nicht verantworten wollte. Das hinderte uns
nicht, ohne ihn weiterzumachen. Goethe lässt Faust
im Lustgarten sagen: „Du hast mein Lieber nicht be-

dacht, wohin uns deine Künste führen." Wir haben die Folgen ignoriert und das Märchen geglaubt, mit Schulden eine schöne Welt zu schaffen. Das war keine Absicht, sondern Dummheit und Irrtum bis in die obersten Stellen.

Der Nobelpreisträger Paul Krugmann gibt in der FAZ 2009 seinen Kollegen kein gutes Zeugnis:

„Der Großteil der Makroökonomie der vergangenen dreißig Jahre war im besten Fall spektakulär nutzlos und im schlimmsten Fall schädlich."

Ihr Jungen müsst die Fehler der Alten nicht nachbeten. Vermutlich erreicht Ihr nicht das Wohlstandsniveau der Eltern, aber das sollte nicht beeindrucken, denn Sie wissen, dass dieser auf Pump gebaut ist. Interpretieren Sie den Begriff „Wohlstand" neu, dann leben Sie gesünder als die Alten und ohne Tretmühlen.

Ich klammere das Risiko aus, dass ein dritter Weltkrieg das Land zerstört. Lassen Sie uns annehmen, eine Währungsreform wird die Stunde null bilden. Sie hätten alle Möglichkeiten! Ich beneide Sie, dass Sie ohne Ballast durchstarten können. Zwar müssten Sie im Land einige Brücken und Kanäle erneuern, aber das schaffen Sie wirklich. Und Deutschland verfügt über eine vergleichsweise hochwertige Infrastruktur, um die uns die Welt beneidet.

Es gibt etwas, was Ihnen die Alten geschaffen haben: Greifen Sie in einen Baukasten voller Technologien! Sie müssen das Zahnrad nicht neu erfinden; wozu an einem Leiterwagen aus Holz schrauben, wenn Sie die Technik eines ICE haben? Sie werden die Zukunft der Arbeit neu definieren und das Problem der Entlohnung lösen.

Machen Sie, tun Sie es richtig.

Mit der Intelligenz des Wassers leben

Nehmen Sie die Welt, wie sie ist. Wozu aufreiben, entrüsten oder meckern? Sie sind gut vorbereitet: Ihre Werte, Ihre Ziele geben Orientierung, Ihre Finanzen sind wetterfest, für kleine Unwägbarkeiten haben Sie vorgesorgt. Wenn es in der Masse rumort, können Sie entspannt bleiben. Meiden Sie Miesepeter und Schwarzmaler, diese stecken an und verderben Ihre Laune.

Fast alle Sorgen sind unnütz:

- 40 Prozent treten nie ein. Sie bestehen in Vorstellungen und werden nie Wirklichkeit. Verscheuchen Sie Trübsal aus den Gedanken wie eine lästige Fliege.
- 30 Prozent gehören der Vergangenheit an. Sagen Sie „Ja" zu Dingen, die geschehen sind und die Sie nicht ändern können.
- 15 Prozent sind Befürchtungen, mit der eigenen Gesundheit könne etwas passieren. Akzeptieren Sie Krankheit als ein Signal des Körpers und lassen Sie ihn genesen.
- 10 Prozent betreffen unbedeutende Dinge. Menschen neigen dazu, Kleinigkeiten zu überspitzen. Fragen Sie sich, was im schlimmsten Fall passieren kann – meistens ist das nichts.
- 5 Prozent der Sorgen sind berechtigt. Diese können Sie kontrollieren, wenn Sie in Ihrem Einflussbereich liegen. Ist das nicht der Fall, dann müssen Sie mit dem Restrisiko leben; akzeptieren Sie es.

Betrachten Sie das Leben wie ein Spiel: Sie haben die Absicht zu gewinnen, aber es ist nicht dramatisch, wenn Sie eine Partie verlieren. Dann spielen Sie erneut wie beim Schach oder Fußball.

Im Leben gibt es zwei Dinge, die unumgänglich sind: Das Eine ist der Tod, das Andere sind Veränderungen. Der Abschied vom Wohlfahrtsstaat ist eine einmalige Chance, zwar lösen sich die Geldvermögen auf, doch damit verschwinden die Schulden.

Ihre Zukunft gestalten Sie durch Aktivitäten: Verwenden Sie nicht mehr als zehn Prozent Ihrer Zeit, ein Problem zu analysieren, stecken Sie neunzig Prozent Ihrer Energie in die Lösung. So wird Ihnen nie langweilig. Sollten Sie an ein Hindernis stoßen, denken Sie an das Wasser: Das findet immer seinen Weg. Genießen Sie Ihren Fluss durch die Zeit.

Kompakt

- Die größte Verschuldungsorgie aller Zeiten gelang durch Bestechung der Massen.
- Das Prinzip „Zuckerbrot und Peitsche" ist in allen Wohlfahrtsdemokratien gleich.
- Lassen Sie sich nicht einnehmen, egal ob mit Beihilfen, Zuschüssen oder Fördermitteln.
- Sie können den Wohlfahrtsstaat nicht vor dem Bankrott retten, die Zeit ist abgelaufen.
- Sollten Sie mit der Herde gehen, so kann die vermeintliche Sicherheit böse enden.
- Wenige Menschen entscheiden, welche Nachrichten Sie aufnehmen sollen und welche nicht. Zweifeln Sie nicht an Ihrem Verstand.
- Sie sind gut vorbereitet, deshalb kommen Sie entspannt durch stürmische Zeiten. Sie haben keine Angst vor dem Wandel, denn im Chaos wird das Neue geboren.
- Misstrauen Sie sozialistischen Lösungsvorschlägen, sie funktionieren nicht.

- Zwei Erlaubnisse verhindern den Wohlfahrtsstaat:

  Erlaubnis I: Private Währungen sind zulässig.

  Erlaubnis II: Das Eigentum ist gewährleistet.

- An die Jungen: Sie müssen die Fehler der Alten nicht wiederholen. Vor Ihnen liegt die Chance, die Welt neu zu ordnen. Nutzen Sie die vorhandenen Technologien, definieren Sie die Begriffe Wohlstand und Arbeit neu.
- Betrachten Sie das Leben wie ein Spiel. Sie gewinnen und müssen nicht kämpfen.
- Vergessen Sie den Anfängergeist nicht!

Ist alles gesagt?

Schlusswort

Liebe Leserin, lieber Leser!

Sie haben zwar das Ende des Buches erreicht, aber vor der Tür läuft der Wandel.

Eine „Murkswirtschaft" zerfällt, und zwar eine, die sich als sozial ausgibt. Sollten Sie das so benennen, begegnen Ihnen Mitbürger, die den Stempel „Verschwörungstheoretiker" rausholen – noch.

Angriffe lassen Sie ins Leere laufen, indem Sie den Vater der sozialen Markwirtschaft zitieren, Ludwig Erhard. Ich bin sicher, dieser Denker dreht sich im Grabe um, sähe er, wie die Nachfolger seine Ideen verbiegen, die Worte verstellen und lügen.

Erhard schreibt in seinem Werk „Deutsche Wirtschaftspolitik" (1962):

„Nichts ist... unsozialer als der sogenannte „Wohlfahrtsstaat", der die menschliche Verantwortung erschlaffen und die individuelle Leistung absinken lässt, denn kein Staat kann seinen Bürgern mehr geben, als er ihnen vorher abgenommen hat – und das, noch abzüglich der Kosten einer zwangsläufig immer mehr zum Selbstzweck ausartenden Sozialbürokratie."

Der Denker und Politiker lehnte jegliche Verschuldung des Staates ab! Und wenn die eine Quelle nicht reicht, legen Sie nach und verweisen Sie auf das Buch „Wohlstand für Alle" (1957):

„Die Blindheit und intellektuelle Fahrlässigkeit, mit der wir dem Versorgungs- und Wohlfahrtsstaat zusteuern, kann nur zu unserem Unheil ausschlagen. Dieser Drang und Hang ist mehr als alles andere

geeignet, die echten menschlichen Tugenden: Ver-
antwortungsfreudigkeit, Nächsten- und Menschen-
liebe, die Bereitschaft zu Selbstvorsorge und noch
vieles Gute mehr, allmählich aber sicher absterben zu
lassen – und am Ende steht nicht die klassenlose,
wohl aber die seelenlos mechanisierte Gesellschaft."

In der Tat, es wäre böse, würden wir Ludwig Erhard nachrufen: „Ja Papi, wir schaffen das, wir haben das Unheil angestellt, wovor du uns warntest - und den Rest packen wir auch!"

Sie könnten einwerfen, Herr Möller, warum werden Sie auf der letzten Seite grob? Ich wiederhole, die Lage ist ernst, mögen wir noch einige Zeit weitersiechen: Vor uns stehen Veränderungen, gegen die der Fall der Mauer wie ein Kindergeburtstag erscheint.

Aber das ist großartig! Sie haben die Chance, sich neu zu bestimmen. Machen Sie das Beste draus.

Ihr Georg Möller

Bad Mergentheim, November 2016

Literatur

Ich habe verzichtet, mit Fußnoten weiterführende Quellen anzugeben. Dies hätte den Lesefluss unnötig behindert. Der Text ist im historischen Präsens geschrieben.

Fach- und Sachbücher:

Baader, R.: *Die belogene Generation*, Gräfeling, 2001.
Baader, R.: *Geld, Gott, Gottspieler,* Gräfeling, 2007.
Baader, R.: *Geldsozialismus*, Gräfeling, 2010.
Baader, R.: *totgedacht*, Gräfeling, 2007.
Bandulet, B.: *Die letzten Jahre des Euro*, Rottenburg, 2010.
Binswanger, M.: *Die Tretmühlen des Glücks*, Freiburg, 2006
Braunschweig, C.: *Das deutsche Narrenschiff*; Finanzbuchverlag, München, 2015
Braunschweig, C.: *Die demokratische Krankheit*, München, 2012.
Braunschweig, C.: *Wohlfahrtsstaat – leb wohl!*, Münster / Berlin, 2013.
Broder, Henryk M.: *Die letzten Tage Europas*, München, 2013.
Deutsch, R.: *Das Silberkomplott*, Rottenburg, 2006

Dostojewskij, F.: *Der Großinquisitor*, Stuttgart, 2002.
Eckardt, D.: *Die freie Gesellschaft*, Kreuzlingen, 2014.
Ederer, G.: *Die Sehnsucht nach einer verlogenen Welt. Unsere Angst vor Freiheit, Markt und Eigenverantwortung*, München 2000.
Ederer, G.: *Träum weiter Deutschland*, Frankfurt, 2011.
Erhard, L.: *Deutsche Wirtschaftspolitik – der Weg zur Marktwirtschaft*, Düsseldorf, 1962.
Erhard, L.: *Wohlstand für Alle*, Düsseldorf, 1957
Epikur: *Briefe, Sprüche, Werkfragmenten*, Stuttgart, 1985.
Friedman, M.: *Kapitalismus und Freiheit*, München, 2009.
Gebauer, Carlos A.: *Rettet Europa vor der EU*, München, 2015.

Goethe, J.-W. von: *Faust – Der Dragödie zweiter Teil*, Stuttgart, 2001

Goethe, J.-W. von (Hrsg. K. Seehafer): *Kleine Philosophie des Glücks*, Berlin 2004.

Habermann, G.: *Der Wohlfahrtsstaat – Ende einer Illusion*, 2013.

Hankel, W.: *Die Euro-Lüge*, 3. Aufl., Wien, 2010.

Hayek, Friedrich A.: *Der Weg zur Knechtschaft*, München, 2011.

Hayek, Friedrich A.: *Die Anmaßung von Wissen*, Tübingen, 1996.

Hayek, Friedrich A.: *Entnationalisierung des Geldes*, Tübingen, 1977.

Hochreiter, G.: *Krankes Geld -kranke Welt*, Gräfelfing, 2010.

Hoppe, Hans-H.: *Demokratie, der Gott, der keiner ist*, Waltrop / Leipzig, 2003.

Hoppe, Hans-H.: *Der Wettbewerb der Gauner*, Berlin, 2012.

Hörhan, G.: *Investment Punk: Warum ihr schuftet und wir reich werden*, Berlin, 2011.

Hülsmann, J.-G.: *Die Ethik der Geldproduktion*, Waltrop/Leipzig, 2007.

Kesch, S.: *Kurs halten, bis zum Untergang Europas. Unglaubliche „Erfolgsgeschichten" aus dem Brüsseler Tollhaus*, Wien, 2013.

Knischek, S.: *Lebensweisheiten berühmter Philosophen*, 8. Aufl., Hannover, 2009.

Kuntze, S.: *Die schamlose Generation – Wie wir die Zukunft unserer Kinder und Enkel ruinieren*, C. Bertelsmann, München, 2014

Lachmann, G.: *Verfallssymptome: Wenn eine Gesellschaft ihren inneren Kompass verliert*, München, 2014.

Le Bon, Gustave: *Psychologie der Massen*, 15. Auflage, Stuttgart, 1982.

Lips, F.: *Die Goldverschwörung*, Rottenburg, 2003.

Luck, G.: *Die Weisheit der Hunde, Texte der antiken Kyniker in deutscher Übersetzung*, Kröner, Stuttgart, 1977.

Maier, Michael: *Die Plünderung der Welt*, München, 2014.

Martin, P. C.: *Wann kommt der Staatsbankrott?* München, 1995.

Matzig, G.: *Einfach nur dagegen*, München, 2011.

Meves, C.: *Verführt-Manipuliert-Pervertiert. Die Gesellschaft in der Falle modischer Irrleh-*

ren. 4. Aufl., Gräfeling, 2007.

Mises, Ludwig von: *Theorie des Geldes und der Umlaufmittel*, Berlin 2005.

Mises, Ludwig von: *Vom Wert der besseren Ideen*, München 2008.

Pirincci, A.: *Deutschland von Sinnen,* Waltrop, 2014.

Polleit, T.: *Der Fluch des Papiergeldes*, München, 2011.

Radnitzky, G.: *Das verdammte 20. Jahrhundert*, Hildesheim, 2006.

Röpke, W.: *Maß und Mitte*, 2. Aufl., Bern u. Stuttgart, 1979.

Rousseau, J.-J.: *Abhandlung über den Ursprung und die Grundlagen der Ungleichheit unter den Menschen*, Stuttgart, 2008.

Sarrazin, T.: *Deutschland schafft sich ab*, München, 2010.

Schopenhauer, A.: *Aphorismen zur Lebensweisheit*, Kettwig, 1991.

Sinn, H.-W.: *Die Target-Falle*, München, 2012.

Ulfkotte, U.: *Gekaufte Journalisten*, Rottenburg, 2015.

Ulfkotte, U.: *Vorsicht Bürgerkrieg! Was lange gärt, wird endlich Wut*, Rottenburg, 2015.

Vilar, E.: *Der dressierte Mann – Das polygame Geschlecht – Das Ende der Dressur*, 9. Aufl., München, 2000.

Werle, J.M. (Hrsg.): *Klassiker der philosophischen Lebenskunst – Von der Antike bis zur Gegenwart*, München, 2000.

Weik, M.; Friedrich, M.: *Der größte Raubzug der Geschichte*, Marburg, 2012.

Weik, M.; Friedrich, M.: *Der Crash ist die Lösung*, Köln, 2015.

Über den Autor

Georg Möller (Jahrgang 1969) studierte bis 1995 in Dresden und Paderborn, er arbeitete danach zehn Jahre in der Industrie.

Von 2004 bis 2014 beriet der selbstständige Wirtschaftsingenieur Mittelständler und Konzerne in Belangen der Betriebsorganisation, dabei trainierte er über 5.000 Mitarbeiter.

Möller lebt in Bad Mergentheim und seit 2014 als freier Autor.